JN319581

ガリ勉じゃなかった人はなぜ高学歴・高収入で異性にモテるのか

講談社＋α新書

はじめに――「橋下語録」にあったヒント

「僕は学校で教わった勉強なんて一つもない」とは大阪の橋下徹《はしもととおる》・大阪市長の言葉（『橋下徹研究』）である。この言説は橋下市長にかかわらず多くの大人が口にする。一代で財をなした人物の立志伝を読むと頻繁に出てくる。

本当に学校で教わったことだけでは社会を渡り歩いていけないのだろうか。もしそうなら、立志伝中の人たちは、どこで生き抜く力を身に付けたのだろうか。

新入社員の採用に関わる人事担当者は、学生の何を見ているのだろうか。主に次の三つのスキルを見るらしい。

「テクニカル・スキル」
「コンセプト・スキル」
「ヒューマン・スキル」

テクニカル・スキルは、たとえば英語能力を保証するTOEICやTOEFLの点数、あるいはパソコンでホームページを作成したりエクセルを使いこなす能力、または秘書技能などのことを指す。これは高等教育の機関で習得できる力。いうなれば学校教育の成果である。

コンセプト・スキルは、部活動の部長や主将、マネージャーの経験、あるいは学園祭の実行委員長やボランティア活動の経験などで得られる、集団をリードしてまとめる力や、交渉能力などである。すなわち、みんなに展望を示し、集団を動かす力。学校の特別活動や社会体験で得られる力である。

ヒューマン・スキルは、一言でいえば人間力である。自分だけが体験したことを自分の言葉で表現する力。だれにもマネできない体験を、多くの人にわかりやすく、自分の考えた言葉で説明する力でもある。体験の力と言語能力が必要になる。

面接のとき、いちばん重んじるのがこのヒューマン・スキルだ、という。

テクニカル・スキルは高等教育を受けた大学生なら持っていて当然で、コンセプト・スキルは難しいが集中的に活動すれば身に付けることができる。

ところがヒューマン・スキルは、一朝一夕《いっせき》には身に付かない。漢方薬のようにジワジワ効いてくる。だから、身に付けるのに手間暇がかかる。小さい頃からの様々な体験の累積効果でもある。

難しいのが、このヒューマン・スキルを持っているかどうかを判断する方法である。必要なのは、三〇分を超す個人面接と集団面接らしい。たとえば、一五分の面接では大学生の「ボロ」が出ない。人の言葉をあたかも自分が考えたように話す。短時間なら場を取り繕うことができる。

ところが三〇分を超す面接では、自分の生《なま》の体験を自分で考えた言葉を使って話さないと間が持たない。疑似体験を語ったり借り物の言葉を使うだけでは迫力不足で、相手に好印象を与えることができない。本人のこれまでの体験の累積、総合力が物をいうのである。まさに人間力だ。

学校外の体験活動は、このヒューマン・スキル、すなわち人間力を育てるのである。この人間力を持った二つの人間像がある。それは「長嶋茂雄《ながしましげお》」と「野村克也《のむらかつや》」である。長嶋は海洋民族のDNAを持っている。漁師は「今」に生きる。明日を想定しない。そして、変化に富む気象への対応ができる。想定外の状況に強い。

しかし、「記録」は残さない。意欲と五感を大切にしてトライ・アンド・エラー（試行錯《さく》誤《ご》）を繰り返す。時にはセオリーを無視するかもしれないが、これまで身に付けた経験則で対処する。後継者に「あの島とあの島の間に網を打て」としか伝達しない。口承なので「記憶」を大切にする。これを長嶋的人間像と呼ぶ。

一方、野村は農耕民族のDNAを持っている。農民は「明日」を考えて生きる。春にこの種を蒔《ま》けば秋に収穫できる、あの土地には輪作は向かない、と考える。「こういうときにはこうすればよい」という「記録」を残す。一年先を想定して物事を進める。だから、家庭や地域の年中行事を大切にする。野村は「ノート」という「記録」を大切にする。これを野村的人間像と呼ぶ。

農耕民族は「知識」を、海洋民族は「知恵」を大切にする。だから農耕民族は、主に学校の教室で学ぶべきなのだ。ここで系統的に蓄積された知識を身に付けていく。

野球では、ノーアウト一塁ならばバントが来るという読みをする。この学習方法は理にかなっている。セオリーに則った理詰めの攻めであり、守りである。社会が安定したときに有効な方法である。想定内の学習にも有効だ。

一方、海洋民族は「知恵」を大切にする。理詰めで説明するよりも、「来た球をパーンと打ち返せ」という。人々の知覚に訴えて説得するのだ。自然と触れ合ったり、外遊びをしたり、あるいはボランティアやインターンシップなど学校外の体験によって身に付ける。これは社会が混沌《こんとん》として先が見えないときに有効である。想定外の学習に向く。

人間力を育てるには、農耕民族と海洋民族の二つのDNAが欠かせない。これらは車の両輪である。

しかし、二〇一一年の東日本大震災という想定外の出来事を体験すると、海洋民族的な知恵を持った人間力がより求められる。「この風向きならば、こちらに逃げたほうがよい」「少しでも高いところに逃げろ」という漁師の経験則（知恵）のほうが命を救ったのである。「記録」は大切である。しかし、とっさの判断と決断は、体験による「記憶」に支えられるのではなかろうか。

学校外の体験活動は「記録」より「記憶」を生む。これが子どもの成長を促す。とりわけ先が見えない時代、グローバルな時代には生の直接体験は欠かせない。

本書は、「学校外の体験活動がなぜ必要なのか」「どんな力が身に付くのか」「どの時期にどんな体験をするのが有効なのか」「それは誰が保証すべきなのか」などについて論じる。そして、そのバックグラウンドとして、国立青少年教育振興《しんこう》機構が五〇〇〇人の成人を対象に調査し、二〇一〇年一〇月にまとめた「子どもの体験活動の実態に関する調査研究」の報告書を使う。

それを見ると、決してガリ勉ではなかった子どもが「高学歴」「高収入」を得て、かつ「異性にモテる」ことがわかる。本書のタイトルはここからとった。

本書では、学校の思い出が、勉強しかないガリ勉時代を過ごした子どもよりも、そうではなかった子どものほうが、人生を数倍・数十倍楽しんでいるワケをデータを基に解説していく。その差はどこにあったのか。あなたは、どちらの子どもだっただろうか。

目次◉ガリ勉じゃなかった人はなぜ高学歴・高収入で異性にモテるのか

第二章　日本を代表する一二人の少年時代

第三章　日本の子どもが抱える大問題

第一章　人生の成功を決める学校外体験とは

「体験格差」がつくる学力格差

学校外の体験活動を否定する人はいない。それではなぜ、今「学校外の体験」を問題にするのか。それは次の理由からである。

今、学校外の体験活動が著《いちじる》しく減少している。三〇年前に比べると、放課後の時間は半分ほどに減っている。それ以上に深刻なのは、子どもの放課後に体験格差が生まれていることである。

放課後の体験格差は、家庭の経済格差から生まれる。その理由を簡単に説明していこう。

たとえば、年収八〇〇万円以上の家庭Aで育つ子どもと、年収三〇〇万円以下の家庭Bで育つ子どもがいるとする。

経済的に余裕のある家庭Aの子どもは、夏に海へ海水浴に、冬に山へスキーをしに行くことができる。そして日常生活では、放課後に塾やお稽古事《けいこごと》、あるいはスイミングスクールなどのスポーツクラブに通うことも可能だ。

家庭Aの子どもは、様々な体験をすることができる。

その一方で、生活に余裕のない家庭Bでは、わずかな体験しか子どもに提供することができない。

ここに、学校外での体験格差が生じる。

各調査によれば、放課後の体験が豊かな子どもほど、物事に対する興味や関心が高く、好奇心も旺盛で、授業にも意欲的に取り組むようになるといわれている。当然のことだが、彼らは勉強した分だけ、成績も伸びる。

つまり、学校外の体験量の「差」が、学力格差にも及んでいる。

家庭Aで育つ子どもは、家庭Bで育つ子どもよりも多くの体験を通して、様々なことに興味を抱き、得てして学業でもいい成績を収める傾向にある。

経済格差が、学校外の体験格差を生み、それが子どもの学力格差にも影響している。図式的に示せば、「家庭の経済格差」→「子どもの学校外の体験格差」→「子どもの学力格差」という筋道が描ける。

放課後の世界は、自由競争だ。経済的・文化的に優位な家庭と、そうではない家庭とでは、子どもの体験の量に「差」が出てくることは避けようがない。

一方、学校はまさに「計画経済」の支配下にある。都市部においても中山間《ちゅうさんかん》地域においても使う教科書は同じで、教師も均等に配置される。学習する内容に「差」はない。

そのため、人生の「勝ち組」と「負け組」の「差」を生むのは、自由経済下の放課後活動と断定できる。放っておくと、この格差はどんどん拡大していく。「できる者」と「できない者」が固定化するのである。

体験格差の是正《ぜせい》が、健全な社会のためには欠かせないのだ。

ここで念のため、本書で何度も繰り返される「体験活動」という言葉は、どのような活動を指すのか、最初に整理しておく。

たとえば、「体験活動」は、直接体験と間接体験のどちらを指すのだろうか。いうまでもなく前者である。子どもが五感を使って直《じか》に触れる行動、リアリティのある体験だ。ここに、人工的な疑似《ぎじ》体験、すなわちテレビ、ゲーム、ネットの世界で出会う体験は含まない。

山の頂上で、満天の星を見る。早朝にご来光を拝《おが》む。沢の湧《わ》き水を飲む。友だちと取っ組み合いのケンカをする。被災地でボランティア活動をする。このような「ライブ」であり、「本物」との出会いがある直接体験を、「体験活動」とここでは定義する。

体験は、「生活体験」「自然体験」「社会体験」の三つに分けることができる。

生活体験は、放課後の世界で行う活動である。子どもの日常生活のなかで繰り返される「遊び」「お手伝い（労働も含む）」「家庭や地域の年中行事への参加」がそれにあたる。

自然体験は、非日常的な特別の空間で行われる活動だ。山や川、あるいは海という場面で繰り広げられる活動を自然体験と呼ぶ。山登り、ボート遊び、またはテント生活などのサバイバル体験がある。

社会体験は、きわめて意図的な活動である。家庭や学校ではできない子どもの成長に必要な活動でもある。ボランティア活動、職場体験活動、インターンシップなどが挙げられる。

それでは、本題に入ろう。

成人五〇〇〇人調査―驚愕の事実

国立青少年教育振興機構は、子どもの頃の体験が、その後の人生にどんな影響を与えるかの調査結果を発表している（「子どもの体験活動の実態に関する調査研究」報告書、二〇一〇年一〇月）。

この調査は、二〇〇九年の一一月に、二〇歳以上の大人五〇〇〇人を対象にした全国調査である。調査方法は、子どもの頃に体験した三〇項目の活動を尋ね、それによってどんな力が身に付き、今どのような大人になっているかを分析したものだ。

これまでの研究でも、学校外の体験が成人してからどんな影響をもたらしたかについては多く語られていない。人生の成功のモノサシとして、「高学歴の獲得」「高年収の獲得」「結婚の有無」が挙げられるが、学校外の体験をすることで、この三つを獲得し、人生を成功に導くことができるのか。体験は、本当に後の人生を決めるのだろうか。

データを使って、子どもの頃の体験と「高学歴」「高年収」「既婚」との関連性を証明する。

「高学歴」「高収入」を得るには

まず、子どもの頃の体験量と学歴との関係を見てほしい（図表1参照）。

「大学・大学院卒」の割合は、子どもの頃の体験量が多い人のほうが、少ない人よりも高いのがわかる。その「差」は五ポイントにもなる。

一方で、「中学卒・高校卒」の割合は、子どもの頃の体験量が少ない人の割合が高い。ここでも、五ポイント近い「差」がでている。

子どもの頃の体験量が多い人ほど、高学歴者が多いのである。定説では、高学歴の獲得《かくとく》には経済力と知力が影響するといわれてきたが、このデータから、子どもの頃の体験量もそれに追加されることになる。まさに、体験が高学歴の獲得に貢献しているといえる。

次に、年収を考察してみる。子どもの頃に豊かな体験をした人は、果たして高収入を得ているのだろうか。ここで使用するデータでは、年収七五〇万円以上を「高収入」、二五〇万円以下を「低収入」とする。

「現在の年収」を見てみると、子どもの頃の体験量が多い人のほうが、年収が多いことが一目でわかる。（図表2参照）。

図表1　子ども「学校外体験」の多寡と「最終学歴」との関係

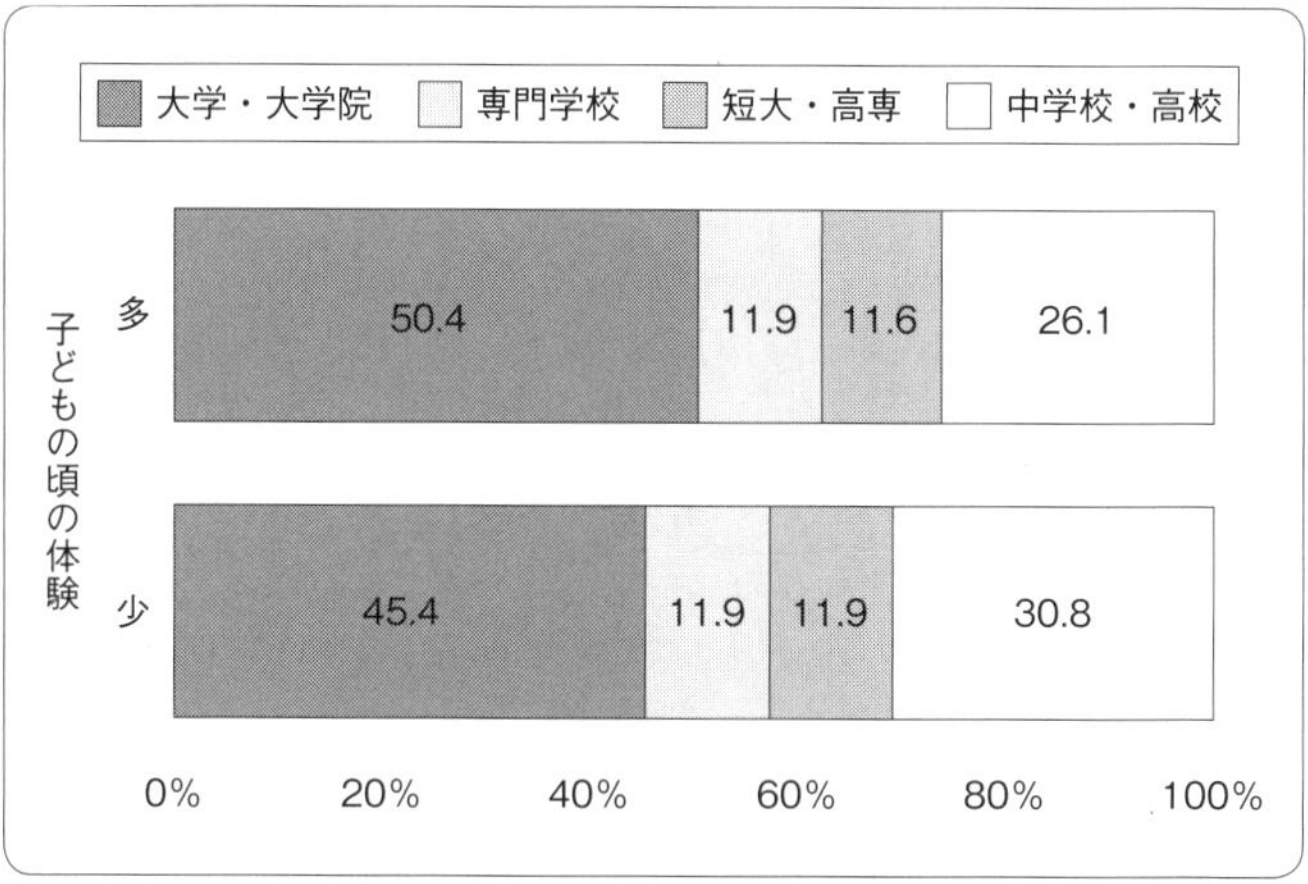

図表2　子ども「学校外体験」の多寡と「現在の年収」との関係

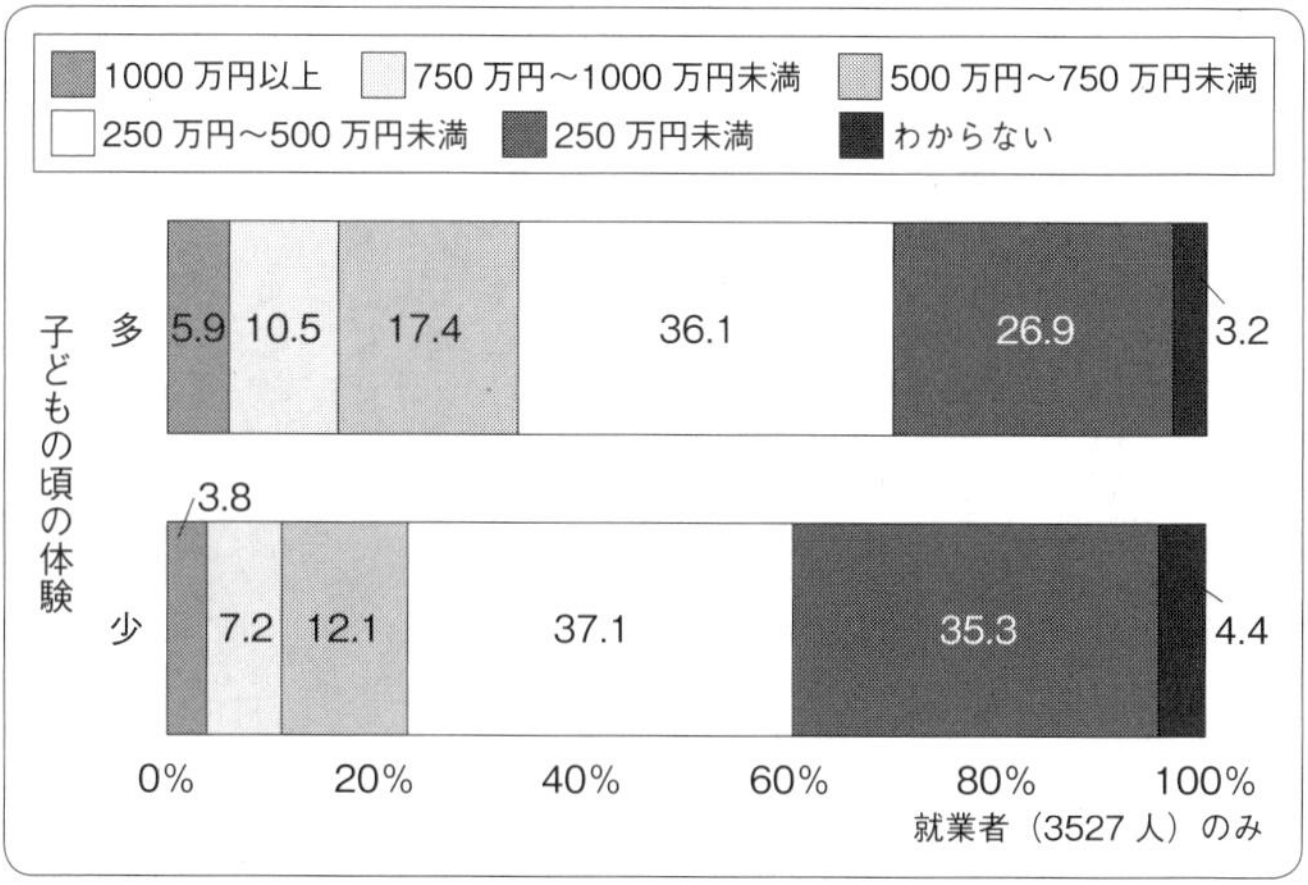

子どもの頃の体験量が、成人してからの年収に影響を与えているのである。子どもの頃の体験格差は、獲得年収の格差を生んでいるといえる。体験が獲得年収をも左右するのだ。

最後に、結婚・未婚の分かれ道を説《と》く。民間の保険会社が若者四五〇名を対象にした調査によれば、「結婚したいができないかも」と答える人が三六・九％といちばん多く、特にフリーターがそう思っていることがわかった。結婚は、経済的な資源に大きく左右されるからだ。そこで、子どもの頃の体験量と結婚の有無の結びつきについて考えてみる。

データを見ると、体験量によって結婚する人の割合は、次のように変わっている。「子どもの頃の体験量が多い人」（六八・五％）↓「体験量が中位《くらい》の人」（六七・七％）↓「体験量が少ない人」（五八・八％）と、体験量が多いか少ないかで「差」は一〇ポイントも開く。

さらにこの体験量は「結婚」だけでなく、「結婚後の子どもの数」にも影響を与えるという。子どもの頃の体験量が多い人で、子どもを持たない人の割合は三六・六％にとどまっているのに対して、体験量の少ない人は四八・二％と半数に近い。

体験は、成人した後の、結婚・家庭生活にまで影響を及ぼしている。

さて、子どもの頃の体験は成人したときの最終学歴や獲得年収を左右することがわかった。これは新しい発見である。しかも、この体験の効果は「学歴」「年収」にとどまらず、「結婚」「結婚後の子どもの数」という家庭生活にまで波及しているというから驚きだ。体験をすれば、異性にモテる要素が揃うといっても過言ではない。

体験が「やる気」を高める

子どもの頃の体験量は、次に挙げる六つの領域にある計三〇項目の質問に対する、三つの回答「何度もある（二点）」「少しある（一点）」「ほとんどなし（〇点）」の得点を加算、その他の処理をして表している。

①「自然体験」……「魚釣り」や「湧き水や川の水を飲んだこと」などの項目。
②「動植物とのかかわり」……「米や野菜の栽培」や「昆虫の捕獲《ほかく》」などの項目。
③「友だちとの遊び」……「かくれんぼ」「友だちとのケンカ」などの項目。
④「地域活動」……「祭りへの参加」「近所の小さい子どもとの遊び」などの項目。
⑤「家族行事」……「家族の誕生日を祝う」「家族の病気の看病」などの項目。
⑥「家事手伝い」……「食器の準備」「洗濯物を干す」などの項目。

この三〇項目で測定された体験量は「体験の力」とどう結びつくのだろうか。「学歴」や「年収」という、数量で測れるモノにおける効果はわかった。それでは、それら以外の気持ちや思いといった意識面での効果はどうか。

以後、気持ちや思いといった意識面を測ったモノを「体験の力」とよぶ。それは「自尊感情」「共生感」「意欲・関心」「規範《きはん》意識」「職業意識」「人間関係能力」「文化的作法・教養」の七つの領域からなる。

ここで、効果がはっきり見られる代表的なデータを三つ紹介する（図表3参照）。

結果を見ると、体験量が多い人ほど「意欲・関心」「規範意識」「職業意識」の数値が高くなっているのがわかる。次に、具体的にどのような体験が効果的かを見ていく。

まずは、「自然体験」が挙げられる。経験した人も少なくないのではないか。データでは、子どもの頃に豊富な「自然体験」をした人ほど「もっと深く学んでみたい」「経験したことのないことには何でもチャレンジしてみたい」といった「意欲・関心」が高いという数字が出ている。

「自然体験」を重ねるにつれて、物怖《ものお》じしないで、前向きに挑戦する意欲が湧く。そして、現状に満足せず、もっと追求したいという探求心が芽生えている。

海や山での活動は、非日常的で想定外の出来事が多い。まわりは常に変化し、子どもたちは驚きと新たな刺激を受ける。だからだろうか、自然体験は、やる気と飽くなき探求心を育てているようだ。

図表3 体験量と「体験の力」の関係はどうか

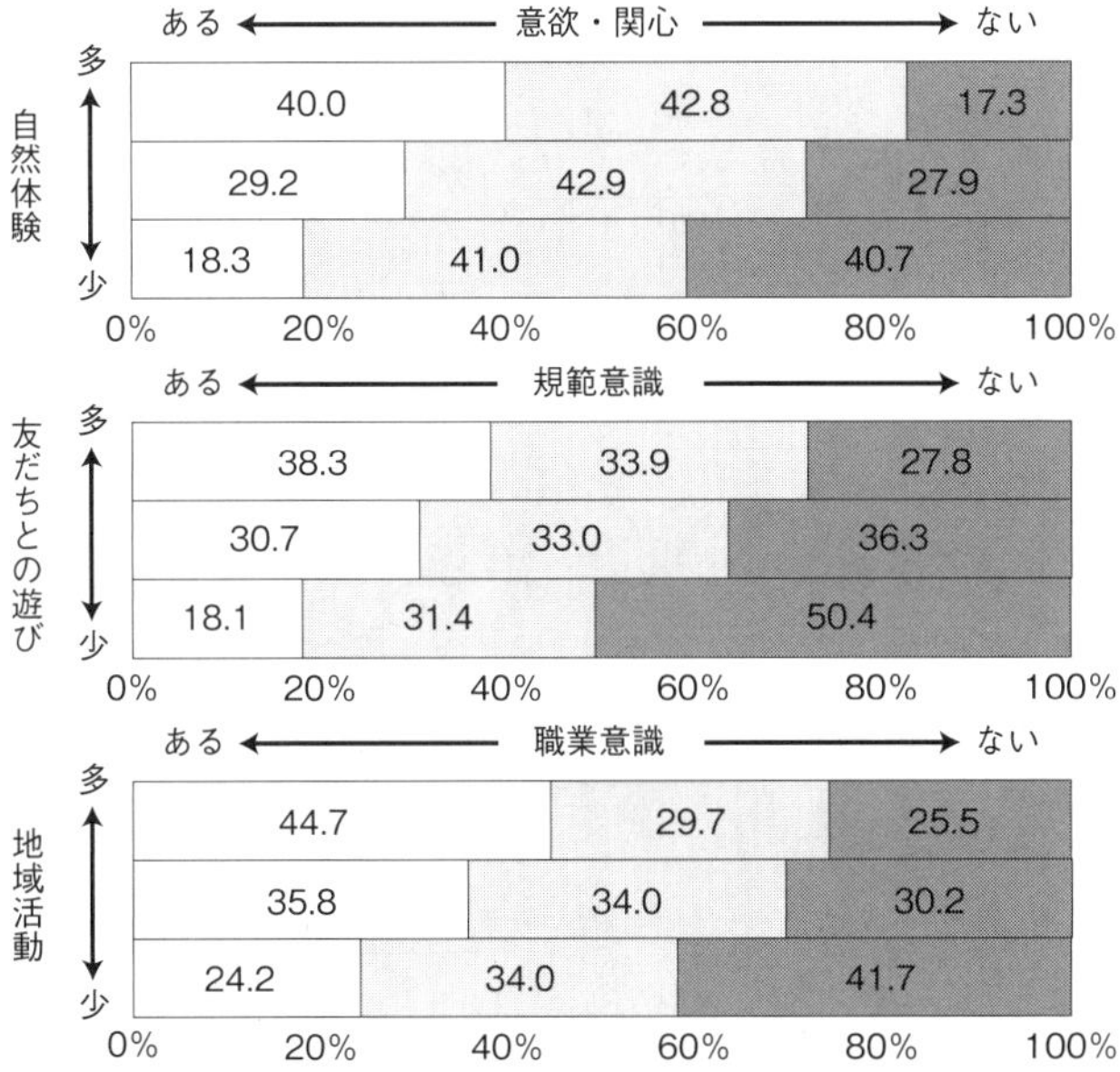

主な質問項目

【意欲・関心】
- もっと深く学んでみたいことがある
- 経験したことのないことには何でもチャレンジしてみたい

【規範意識】
- 交通規則など社会のルールは守るべきだと思う
- 電車やバスに乗った時、お年寄りや身体の不自由な人には席をゆずろうと思う

【職業意識】
- 自分にはなりたい職業や、やってみたい仕事がある
- できれば、社会や人のためになる仕事をしたいと思う

□ 多い
□ 中くらい
■ 少ない

独立行政法人国立青少年教育振興機構
「子どもの体験活動の実態に関する調査研究」報告書　2010 年 10 月

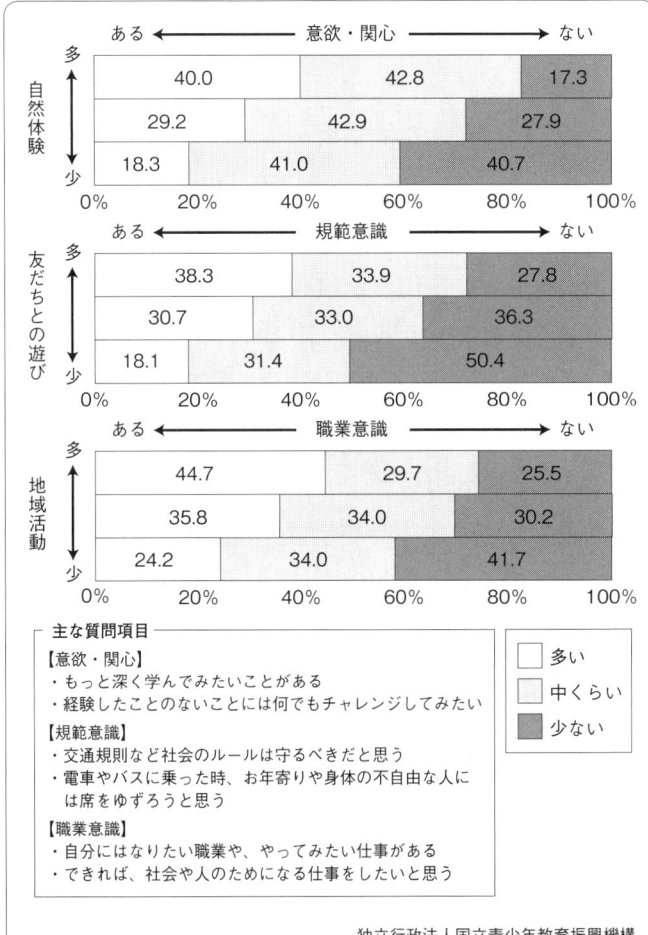

効果的といえば、「地域活動」もそのひとつである。地域活動の豊かな人ほど「社会や人のためになる仕事をしたい」「自分にはなりたい職業や、やってみたい仕事がある」「大人になったら仕事をするべきだと思う」というような高い「職業意識」を抱くようになる。

地域のお祭りへの参加や清掃活動をするなかで、近所の小さい子どもの世話をする機会が多い人は就労《しゅうろう》意欲が高まり、世の中のためになる仕事をやろうとするのである。

高校卒業後、就職も進学もしないフリーター予備軍は一五％いるといわれているが、彼らは将来、税金が払えなくなり、生活保護を受ける可能性が高い。

そうなる前に、子どものうちに地域活動に参加させ、様々な人と触れ合うことで「大人の姿」を垣間見させてはどうだろうか。仕事の楽しさや辛《つら》さ、みんなで協力して作業する喜びを体験することができる。

「地域活動」は、みんなで支え合うことで初めて生活が成り立つことを教え、子どもはその仕事を通して、世の中に役立つ大切さを身に付けるようになる。

また、自然体験・地域活動のほかにも、友だちと遊ぶことで身に付く教養もある。友だちと遊ぶ機会が多い人ほど、電車やバスに乗ったときに、お年寄りや身体の不自由な人に席を譲り、交通規則などの社会ルールを守るべきだという「規範意識」が高いことがわかっている。

大人の規範崩れがいわれている昨今の日本では、電車のなかで化粧をし、道端にたばこを捨てて、隣近所で争いをするなどの行為が跡《あと》を絶たない。日本人の美徳であったルールや、マナーを大切にする公徳心が廃《すた》れつつある。

そのなかでも、子どもの頃に友だちと遊んだ人は、「規範意識」をしっかりと身に付けている。仲間と遊び、冒険やケンカをしたことで、集団での付き合い方、規則や約束事の大切さを実感したからであろう。

体験には適正な時期がある

子どもの頃の体験活動が「体験の力」を育てているのはわかった。それならば、具体的にどの時期にどんな体験を子どもにさせればよいのだろうか。

調査から四つの発見がある。

まず、小学校に通う前の幼児期における体験は、「体験の力」の育成にはそれほど影響を与えていないということ。意味を持つのは「友だちとの遊び」くらいである。

二つ目は、小学校低学年の体験は「体験の力」の育成に効果があること。なお、すべての体験ではなく、「友だちとの遊び」と「動植物とのかかわり」が特に大事になる。

三つ目は、小学校高学年の体験では、地域のお祭りや掃除などの「地域活動」、キャンプといった「自然体験」および「友だちとの遊び」が特に効果を持つということである。なかでも、「地域活動」が大きなウエイトを占める。

最後に、中学校の体験も「体験の力」の育成に効果があるといわれている。しかし、体験活動の内容は小学校低学年の頃とは異なって、「地域活動」や「自然体験」、あるいは「家族行事」「家事手伝い」といった活動が大切になり、多くの体験が「体験の力」を育成する。

さらに詳しく見ていこう。

幼児期は、幼稚園や保育所で様々な体験をさせているせいか、幼児期固有の体験の効果は薄いようである。

幼稚園や保育所では、みんなが年中行事に参加する。田植えがあり、稲刈りがあり、芋掘りがある。「働く」体験をする。二月は豆まき、三月は桃の節句、五月は鯉のぼり、七月は七夕というように年中行事が目白押しである。飼っている鶏《にわとり》やウサギを、幼児が世話する。そこに動物との交流がある。

よって、幼児期には「家庭差」や「地域差」による体験格差があまり見られない。だから、この時期の体験の有無は成人になっても「体験の力」となって表れないのだ。

しかし、小学校低学年になると、「友だちとの遊び」「動植物とのかかわり」に割《さ》く時間が大きくなっていく。小学校に上がると新しい友だちが増え、その友だちと遊ぶことが仕事になる。休み時間は、わずかな時間でも運動場で友だちと一緒に遊ぶ。友だちの占めるウエイトが次第に大きくなる。

また、学校では鶏《にわとり》、ウサギを飼い、教室ではメダカやザリガニを飼っている。夏は朝顔やひまわりを、秋は菊を育てている。低学年は動植物との触れ合いを大切にする環境があるためか、友だちと同じように動植物との触れ合いが「体験の力」の育成に大きな効き目を持つ。

小学校高学年になると、友だちと遊ぶ以外に、「自然体験」と「地域活動」が体験に加わる。

小学校高学年になっても、友だちと遊ぶことの重要性は認められるが、同時に、家庭と学校から離れた空間での活動が大きなウエイトを占め始める。非日常を体験できるキャンプなどの集団宿泊体験、お祭り、および地域清掃活動のように、第三の大人といわれる近所のおじさん、おばさんとの交流体験が「体験の力」にとって大切になる。

さらに中学生になると、「自然体験」や「地域活動」に加えて、「家族行事」「家事手伝い」といった自然や地域での他人との関わりや、家庭内での触れ合いが影響を持つようになる。

中学生の一日の生活は、勉強と部活動を中心に展開されている。そのリズムは一週間の生活で繰り返される。学校中心の生活に忙しい中学生の姿が目に浮かぶ。彼らには、「地域活動」や「家事手伝い」をする時間や余裕などないのだ。

ところが、「体験の力」を育てるには、学校外の様々な活動が無視できない。特に、中学生時代に経験した学校外の活動が、「体験の力」を高めるといわれている。

それは、忙しい中学生生活のなかで、意図的に学校外の活動を選択した成果だろう。多くの中学生は、勉強と部活を理由に地域での活動や家事手伝いが免除されている。そのなかでも、本人のやる気と親のしつけによって、地域活動や家庭内での年中行事、および家事手伝いを意図的に選択した人は「体験の力」が身に付くようになる。

国立青少年教育振興《しんこう》機構は、大人以外にも小学校高学年から高校生までの青少年を対象に同様の調査をした。青少年にとって、幼児や小中学生の頃の学校外体験がどれだけ影響しているかを調べている。

データは割愛するが、高校生の結果は大人とほぼ同じであった。幼児期には「差」が見られず、小学校低学年では「友だちとの遊び」と「動植物とのかかわり」が、高学年では「自然体験」と「友だちとの遊び」が、中学生のときは「多様な学校外の体験」が効果的であった。

体験には、タイミングという適正な時期があることを覚えておいてほしい。

図表4　自然のなかで遊んだことや自然観察をしたことがありますか

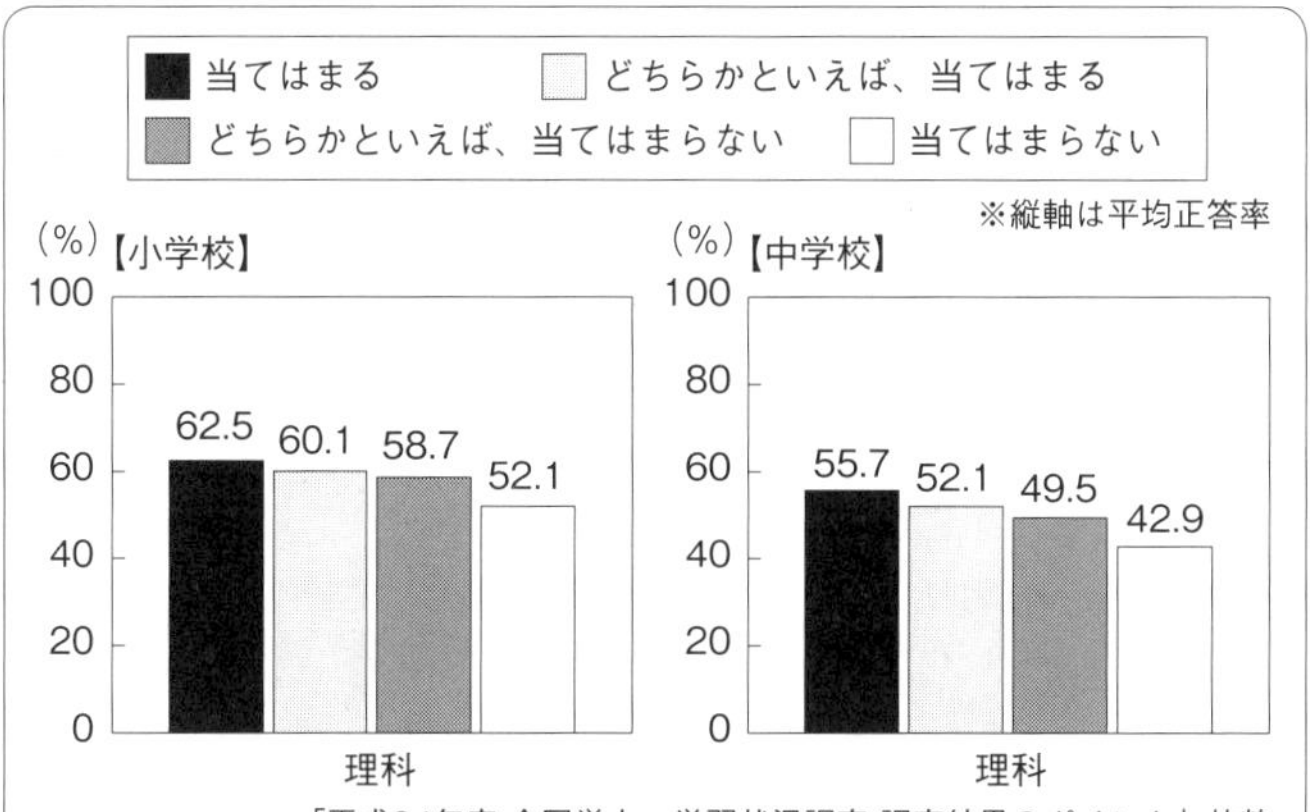

「平成24年度 全国学力・学習状況調査 調査結果のポイント」抜粋

全国模試でいい点を取る条件

これまで、「学校外の体験が学力に影響する」というはっきりした全国的なデータはない。それでは、体験は本当に子どもの学校の成績を左右するのだろうか。学校外の体験と学力がどのような関係を示すか、具体的なデータを見ていく。

図表4は、自然のなかで遊んだり自然観察をしたことがある人と、そうでない人とでは理科の正答率が変わるかを調べた興味深いデータである。

この文部科学省の実施した全国的な学力調査のデータを見ると、小中学校ともに「当てはまる」と答えた人のほうが正答率が高いことが読み取れる。つまり、自然のなかで遊んだ人や自然観察をした人のほうが、理科の成績がよいといえるのである。

小学校では、正答率にほぼ一〇ポイントの開きがある。中学校も同様に一〇ポイント以上の開きがある。

文部科学省は、二〇一二年度から学力調査に「理科」を加えた。学力調査は、大きく二つの分野に分けて学力を測定している。

一つは教科の基礎が身に付いているかを調べるもの。理科でいえば、自然や動植物、および科学的なことに関する基本的な知識を調べている。たとえば「砂糖を水に溶かしたときの濃さ」「虫メガネの使い方」「おしべとめしべの受粉の意味」などである。国語においては「漢字の読み取りと書き取り」が、算数においては「四則計算」などがこれに当てはまる。

もう一つは、身に付けた教科の基礎の知識が、生活面でどれだけ活用されているかを調べるものである。知識の習得にとどまらず、「予測力」「調べる力」「確かめる力」「まとめる意欲」という論理的思考や表現力が、どれだけ身に付いているかを測定するものだ。

学力調査は、子どもの学力を二つの側面から捉えている。前者が主に「知識」を問うとすれば、後者は「応用力」や「知恵」を問う。

このデータの正答率は、「基礎的な知識」と「応用」の二つを含めたものである。データによると、小中学生ともに、海や山などの自然で思いきり遊んだ人と、鳥や草花、あるいは

図表5　第6学年の児童に対して、第5学年までの間に自然のなかでの集団宿泊活動を行いましたか

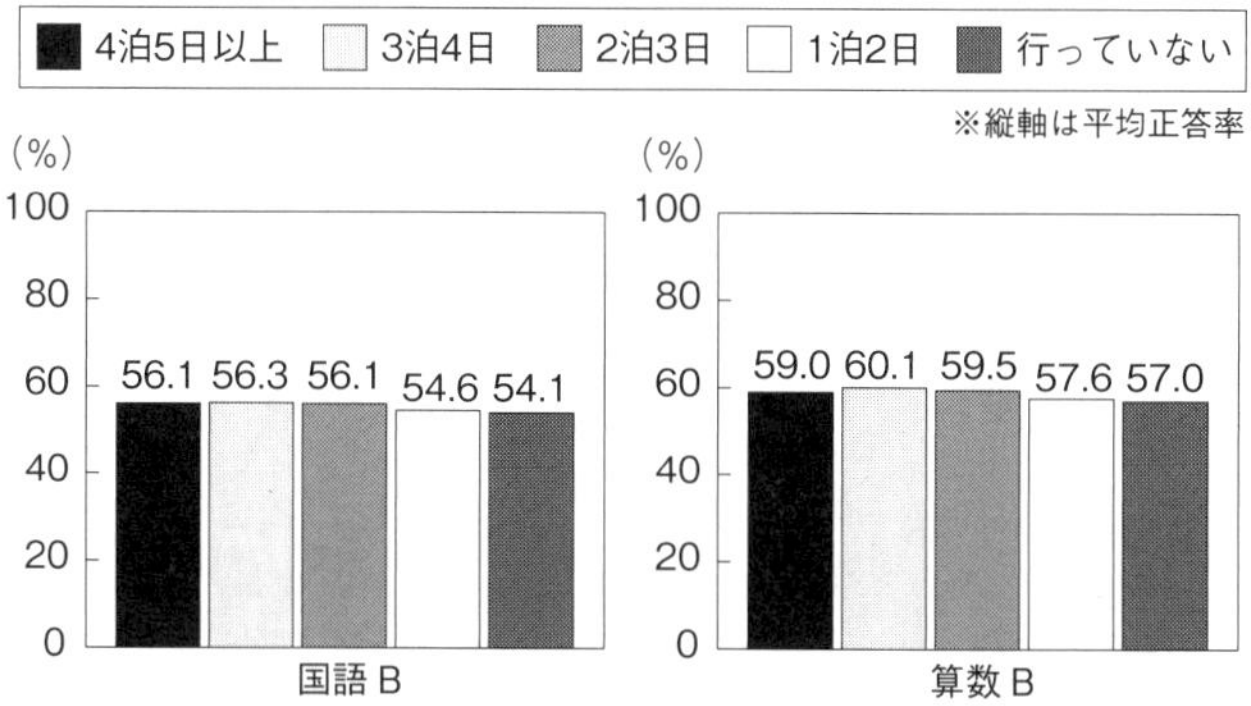

「平成二四年度 全国学力・学習状況調査 調査結果のポイント」抜粋

雲の流れなどをじっくり観察した人は、総じて「理科」の成績がよいという。

理科の学力調査では、基礎的な知識のほかに、木陰《こかげ》の一日の変化から天気の様子を推測する問題や水溶液等の実験、および観察結果の分析・考察をする問題がある。このような応用問題には、海や山で直接体験したことが生きるのだろう。

図表5は、小学五年生までに自然のなかで宿泊した体験日数と、国語・算数の正答率の関係を調べたものだ。表中の国語と算数についている「B」は、応用問題を示している。

これも興味深いデータである。集団宿泊日数の「四泊五日以上」「三泊四日」「二泊三日」の間では国語・算数の応用問題の正答率に「差」は見られない。

ところが、「一泊二日」「行っていない」と比較すると、正答率の数値に「差」が出てくる。国語でみると「四泊五日以上」の数値が五六・一％なのに対し、「行っていない」は五四・一％に数値が下がっている。算数も同様だ。データは、全国調査の平均正答率であるため、わずかな「差」でも統計的に有意といえる。

日本の子どもたちは、国語・算数の基礎の領域では諸外国に劣らない成績を収めているが、応用の領域で「差」がついているといわれて久しい。とりわけ、文章を読みとることや、数式の説明をするといった「書く力」「説明力」「読解力」という言語力が低いと指摘されている。

これらのデータを見ると、自然での集団宿泊体験は、子どもの応用力を引き出していることがわかる。特に、海や山での直接的な体験ときめ細かな自然観察が、理科の学力を向上させている。小学校では、授業時間を確保するために、宿泊体験の日数は「一泊二日」が増えつつあるが、体験日数は、中途半端では効果が薄いことも立証済みだ。少なくとも二泊三日程度のまとまった時間の確保が必要になる。この体験が、将来、諸外国と渡り合っていける子どもを育てることに繫がるのだ。

物理学者の卵の子ども時代とは

日本は人材育成に力を注《そそ》いでいる。その一つが科学技術人材の育成である。手元に、物理学者の卵たち五三名を対象にしたインタビュー調査結果がある。素粒子・原子核の研究者で、そのほとんどが大学院博士課程を修了し、博士号を持っている。

彼らはどのような体験をしてきたのだろうか。特に青少年期までのキャリアの軌跡に注目する（『ポストドクター問題』国立教育政策研究所・日本物理学会キャリア支援センター編、世界思想社。二〇〇九年）。

彼らが卒業した大学は様々であり、今勤めている職場も特定の大学に偏っていない。しかし、興味深いことに大学に入るまでのキャリアに次のような共通点が見られた。

まずは、小さい頃から月の写真集、岩石や宇宙などの図鑑、および地図に関心を持っていることが特徴として挙げられる。以下に体験談を記す。

「小学生になった年に、アポロが月に降りました。かなり幼い時期から、家で月着陸関係や月の写真集を見ていました」（四〇代前半）

「自分が理系だと思ったのは、小学校低学年ぐらいですね。小学四年生のときに、ちょうどカール・セーガンが企画した『ＣＯＳＭＯＳ』というテレビ番組があって、そこでアインシュタインの相対性理論の解《かい》にいたく衝撃を受けました。最初は、当時ボイジャーが木星に到

着して、きれいな絵が見られて楽しいと思うぐらいの気持ちで見ていました」（三〇代後半）
「地図を何時間も見るのが好きでした。地図だけではなくて統計資料も。それはかなり幼い小学校低学年とか、その頃からです」（三〇代前半）
「小学生のときから天文に興味があり、きれいだなと思ったり、非常に感銘を受けたんです。当時は、星の図鑑を全部暗記していましたね。隅から隅まで暗記ができるほど好きでした」（三〇代前半）

また、彼らは「負けず嫌いで執念深い」というメンタル面での特徴を持つ。
そして、人と違ったことをしたいという想いやインスピレーションを大切にしている。

「性格の特徴は、何でしょう。しつこく何かやるという感じですか。一つのことをやり続ける。追究する」（三〇代後半）
「夢を追いかけること。ある程度の覚悟とか、負けず嫌いとか、そういうものもあるかもしれない」（三〇代後半）
「あんまり人のやらないことをやるのが好きというか、人と違うのがいいというところが若干あります」（三〇代前半）

彼らは、二〇代後半から四〇代前半の研究者の卵たちである。今の研究生活での研究テーマはみな様々で、ネットワークの作り方や研究面での待遇も異なる。

ところが、早期にキャリア形成の跡が見られるということに関しては共通している。国立教育政策研究所の岩崎久美子《いわさきくみこ》氏がインタビュー調査で、早期決定型のキャリア形成のポイントを、次のようにまとめているので紹介する。

「小学生の頃から、文系に比べて理系が得意との意識が強く、教師や家族からも理系としての認識を持たれている」

「小さい頃から月の写真集、岩石や宇宙などの図鑑、地図などに関心を持ち、その当時に見た図やイラスト、写真などを鮮明に記憶し、強い印象を受けている」

「高校ぐらいから『ブルーバックス』『ニュートン』『数理科学』などの新聞や雑誌を読み、専門内容に触れている」

「進路形成期に、物理学研究者のキャリア形成のモデルとして、アインシュタイン、ハイゼンベルク、湯川秀樹《ゆかわひでき》、ファインマン、グラショーといったノーベル賞を受賞した物理学者の自伝や伝記を手にしている」

「テレビの科学番組に影響を受けている」
「中学校、高校、予備校などで専門性の高い教員や講師から受ける物理の授業を、楽しいものとして記憶している」

ここで注目したいのは、物理学者の卵たちは意外にも、小学校中学年から高学年における天文に関する体験から大きなインパクトを受けているということである。この体験にはテレビの科学番組も含まれる。やがて彼らは、高校時代の進路決定期に、物理学研究者のモデル探しを始め、理系の大学に入学する。

物理学者の卵たちは、早くから自然科学に目覚めてこだわりを持ち、人と変わったことに興味を持って追究するパーソナリティを持っているのだ。

「鉄は熱いうちに打て」ではないが、子どもに科学者を目指させるのであれば、小学校の頃から岩石や宇宙の天体に興味を持たせ、ビジュアルな写真や図鑑などを揃えてあげるとよいだろう。

第二章　日本を代表する一二人の少年時代

マルチ稽古で才能開花―安藤美姫

これまで、子どもの頃の学校外体験が「体験の力」を育て、成人後の「最終学歴」「獲得収入」「結婚実現」を左右する道筋を述べてきた。ここでは具体的に、子どもの頃の学校外体験がその後の人生に大きく影響している人物を取り上げる。

これから登場するのは、各界で活躍している人たちである。彼らは、青少年期とりわけ小学生の時期に、家庭でどんなしつけを受け、学校で何をし、地域ではどのような体験をしてきたのだろうか。

幼い頃からその世界にどっぷり漬かっていたのか。英才教育を受けていたのだろうか。それとも普通の子どもと同じことをしてきたのか。

その生い立ちから、子どもの頃の過ごし方に着目する。資料は、これまでに出版された本を参考にしている。

まずは安藤美姫《あんどうみき》の幼少の頃を、自著『空に向かって』を参考に見ていく。

安藤美姫は、「二〇〇一年、全日本ジュニア選手権優勝」「二〇〇六年、トリノオリンピック出場」「二〇〇七年、世界選手権で初優勝」「二〇〇九年グランプリシリーズ二連勝」と輝かしい戦歴を次々に残す、茶の間でも大人気のフィギュアスケート選手である。

彼女は、九歳から本格的にスケートを始めている。九歳といえば、スポーツ界の「ゴールデン・エイジ」のとき。スポーツ界の「ゴールデン・エイジ」とは、九歳から一二歳頃を指し、スポーツ選手としての基礎を築くために重要な時期といわれている。

ここで気になるのが、スケートを始める前に、彼女は何か別のことをしていたのかということ。最初からスケート漬けだったのだろうか。自伝によると、彼女は近所の子どもと外で遊び、ドッジボールや野球をしていたようだ。球技は得意ではなかったが、彼女は楽しんでいたという。得意な遊びは一輪車乗り、短距離走および体操という一人遊びだった。

またお稽古事では、「水泳」「お絵かき」「ピアノ」をしている。しかし、好きだった水泳は、半年で親に辞めさせられている。お稽古事のなかでいちばん長く通ったのはピアノで、幼稚園から始めて一〇歳まで続けている。ピアノだけはスケートと両立させていた時期もある。一般の子どもとさして変わらない。

さらに彼女は、中学生のときにバードウォッチングクラブに入部している。

それでは、お稽古事をしながら様々なことに興味を抱いていた彼女が、スケートを始めるきっかけは何だったのだろうか。

彼女がスケート靴を履いて、氷の上に初めて立ったのは八歳の頃。門奈裕子《もんなゆうこ》がコーチに就いたのがその翌年で、この時点ではまだカーリングも練習している。九歳になってスケートが楽しくなり、自分から「やりたい」といって本格的に練習を始めた。親の強制ではなく、様々な学校外活動をするなかで自分からやりたいと思えるものを見つけている。

スケート教室では、練習だけでなく礼儀をしつけられた。練習が終わったあとは、「リンクに必ずお辞儀をしなさい」と繰り返しいわれている。彼女の持つ礼儀正しさは、この第三の大人の存在のおかげもあるだろう。

さて、マルチなお稽古事から人生を左右するスケートを選択して、一流のスケーターになった彼女だが、順調にその道を歩むには必要不可欠なものがあった。家族の支えである。

たとえば彼女は、中学一、二年生の多感な時期に、友だちと一緒に遊びたくてスケートの練習がいやになったことがある。そのとき支えになったのが、毎日リンクに顔を出した母親と祖父の存在だった。特に祖父は、どんなときでもリンクサイドでニコニコしながら見守ってくれていたという。ファンの間でも「美姫のおじいちゃん」としてよく知られている。

安藤美姫は、早くからスケートを始めているが、決してスケート漬けの生活をしていたわけではない。お稽古事をたくさんし、外遊びもしっかりしている。ピアノを一〇歳まで続け、近所の男友だちと一緒に野球もしている。お稽古事と遊びが、彼女の人生を成功させる道の選択肢を増やしたのだ。

そのなかで選択したスケートが継続できたのは、リンクで練習する孫娘に送る祖父の温かいまなざし、家族の支えがあってこそということも忘れてはならない。

本気遊び×反省ノート——中村俊輔

中村俊輔《なかむらしゅんすけ》は、ご存じのとおりキラーパスを武器にした世界で戦えるサッカー選手である。一九八五年からサッカー人生を始め、一九九一年に入部した横浜マリノスジュニアユースで二度の全国制覇を経験している。高校でサッカー部に属したのち、横浜F・マリノスに入団。二〇〇二年には海外チームへと移籍し、目覚ましい成績を残してきた天才だ。

自著『中村俊輔塾　全スーパーテクニック伝授』によると、彼がサッカーを始めたのは三～四歳の頃と比較的早い。兄に連れられて始めたサッカーに夢中になるが、決してサッカー漬けの生活を送ったわけではない。野球、ホッケー、鉄棒、水泳、体操とあらゆるスポーツに親しんでいる。

サッカーを続けたのは、とにかく楽しかったからだという。「体が強い」「スピードが速い」「キック力がある」といわれるより「中村は上手い」といわれるのがたまらなかったのだと。

彼は、テレビゲームをして家で過ごすよりも、もっぱら外でスポーツをする日々を過ごした。このとき遊んでいたサッカー以外のスポーツが、彼のプレースタイルに生きてくる。

彼は、サッカーの他にもアイスホッケーが上手かった。これは、サッカーと同じように球をゴールに入れるスポーツで、横へ切り返す動きやサイドチェンジと重なる部分がある。また、水泳が全身の筋肉を強化し、ハンドベースやメンコ、ベーゴマ、ドッジボールといった遊びが、一瞬の反射力を養った。すべて、遊びで身に付いたものである。

しかし遊んでいるばかりではない。彼は、中学校に入ってから「サッカーノート」をつけ始めている。ノートにはその日のプレーでよかった点と悪かった点を書き、改善するために何を練習しなければならないかを自ら考えて書いていた。そのノートを先生が「もう一点取れるようになろう」と添削してくれたという。

このサッカーノートには、二つの優れた点がある。まず、考えたことを文字にすることで頭のなかが整理される。これはあらゆる場面で有効な手段だ。また、目標を書き続けることで、あとで見返したときに反省がしやすくなる。自分の成長感覚が実感され、明日への糧《かて》となる。

自発的にサッカーに打ち込んでいた彼は、育った環境が普通の子どもと違ったのだろうか。いや、そんなことはない。彼の両親はサッカーに関してまるで素人《しろうと》だった。しかし、父親は試合のビデオをすべて撮り、練習で遅いときは迎えの車で彼を待った。母親は栄養士から学んだ料理を出し、身長の伸びない子どもに「打ち出の小槌《こづち》でも振ってあげようか」といって和《なご》ませたという。家族の支えがサッカーを続ける力となったことはいうまでもない。彼は、特別な環境で育ってはいない。様々な外遊びを体験するなかでサッカーを選択し、サッカーノートや家族の支えが、後の名フリーキッカーとキラーパサーの中村俊輔を育てた。

親離れが成功の秘訣──遠藤保仁

遠藤保仁《えんどうやすひと》は、ジュニアユースやユース代表にも選ばれた、海外に通用するプレーで魅せるプロサッカー選手である。サッカー界では、遠藤三兄弟としても有名だ。

プレーの力もさることながら、試合後のインタビューを見ていると、彼の物腰の柔《やわ》らかさと礼儀正しさにハッとさせられることがある。以下のエピソードに如実《にょじつ》に表れている。

『「いじらない」育て方　親とコーチが語る遠藤保仁』（元川悦子《もとかわえつこ》・著）から引用する。

「彼ほどのスター選手になれば、取材の申し込みが殺到する。1日に3件のインタビューをこなすことも少なくない。……中略……しかし、遠藤はどんなときでも、何度でも同じことを丁寧に説明し続ける。よく知っている記者、あまり知らない記者と分け隔てをすることもないし、態度が大きく変化することもない」

また、彼は桜島《さくらじま》に帰省する際も、フェリーの乗務員に毎年かかさず挨拶をし、同級生や先輩の親にも、有名になる前と同様に接している。父親が、「ちょっと名前が売れたからって天狗《てんぐ》になるな」と口を酸《す》っぱくして注意した影響もあると、母親は指摘する。

彼の人格形成は、家族が厳しくしつけた賜物《たまもの》なのだろうか。母親によれば、「挨拶をしっかりしなさい」という基本的なこと以外に特別なしつけをした覚えはないという。現に彼を叱るのは親だけではなく、ちょっと悪いことをすれば、仲間の保護者が注意し、「ヤットがいたずらしたからちょっと怒っておいたよ」と彼の母親に報告がいく。すると母親は「ありがとう。また注意してね」と返す。彼は、地域のひとに育てられたのだと母親は主張する。

それでは、彼はどんな地域で育ったのか。彼の育った地域は、サッカーは『桜島町技』といわれるほど、サッカーが地元のスポーツとして根付いた土地だった。近所のおばさんたちの間では「子どもたち、今日は勝ったね」と自然に会話にのぼる雰囲気がある。有線放送でも、少年団の試合結果が放送される地域である。

この地域は、サッカーのコーチにも恵《めぐ》まれている。鹿児島という風土《ふうど》から来るのであろうか。地域が一丸となって、遠藤選手を育てていったともいえる。

だが、特色のある地域だけが、彼のサッカー人生を形成したわけではない。両親の育て方も影響が大きい。

五歳ぐらいの夏。彼は稲刈りの時期に、父親の出身地である種子島《たねがしま》に三週間ほど預けられている。そこで稲刈りなどの農作業を手伝って過ごしたという。それ以外にも、車を使わずにたくさん歩かせることで、逞《たくま》しく元気な子どもに育てられた。

練習が忙しかったため、家の手伝いこそしてはいないが、両親からの次の三つの約束を忠実に守っている。

①挨拶をすること。お客さんに立ちながら「こんばんは」というのではなく、座って両手を突いて「こんばんは、いらっしゃいませ」というようにする。
②玄関の靴並べをすること。
③自分の食べた食器は、自分で台所まで持って行くこと。

親は最低限のしつけを担当し、後は地域や親戚の人の支援を仰《あお》いで子どもの体験を豊かにしようというスタンスで、彼のサッカー人生が功を奏《そう》したケースである。

遠藤保仁が、幼い頃からサッカーを始めて、サッカー漬けの毎日を過ごしたのは、育った地域がサッカーを応援する雰囲気が強かった影響もあるかもしれない。しかし、両親は彼を

「サッカーばか」ではなく、選手である前にひとりの人間として成長させるための生き方を説《と》いている。説くばかりか、挨拶を徹底的にしつけ、幼児期から意図的に親離れをさせて、逞しい子どもを育てる工夫をしているのだ。

指針はいつも父親だった―宮里藍

宮里藍《みやざとあい》は、四歳からゴルフの英才教育を受けて、めきめき頭角を現してきた若手の女子プロゴルファーである。彼女は、高校三年生のときにプロ宣言をした。ここで史上初の高校生プロゴルファーが誕生し、以降目覚ましい活躍をみせている。今では、CMにも引っ張りだこの人気者だ。兄の宮里聖志《きよし》・優作《ゆうさく》もプロゴルファーとして有名である。

彼女の父、宮里優《みやざとまさる》が書いた『宮里流　ゴルフ子育て法』によると、彼女がゴルフクラブを握ったのは四歳。早くからゴルフ漬けの日々を送っていたのかと思いきや、すでに三歳の頃からピアノも習っていた。父親が、「藍のピアノを聞いていると気持ちがいいから眠りそうだなあ」とおだてて練習をさせていたのだという。

お稽古事を選択した父親の存在は、彼女にとってどれほどのものだったのだろう。

彼女は、小学六年生のときにいじめに遭った。クラスで悪口をいわれ、学校に行くのが辛くなったと父親に相談すると、「そのままの藍でいい」と励まされてすぐ立ち直っている。

それからは、毎日あったことを何でも家で話すようになる。両親への感謝が生まれたのだ。いじめは辛い経験であったが、人間的な成長を実感させた。

そんな彼女の中学校時代は、意外にもゴルフより学校の勉強に重きを置いている。予習復習は欠かさず、英検は三級をとっている。部活動のバスケットボールでは副キャプテンを務め、朝練習も休まなかった。彼女はチームのムードメーカーでもあった。

また、学校行事にも積極的に参加している。生徒会活動では副会長をこなし、リーダーシップを発揮した。当時のニックネームは、仕切り屋をもじった「シキラー」だったという。

そして、学校生活を充実させていた彼女の陰には、いつも父親がいた。

父親は、強風でゴルフの練習が難しくても「風と友だちになりなさい」と練習をさせるときもあれば、彼女をゴルフ漬けにさせないために「勉強ができないとゴルフをさせないよ。ゴルファーである前に教養と知性のある素晴らしい人間であってほしい。学校が一番ゴルフは二番」と諭《さと》すときもある。この二面性が、ゴルフを飽きずに継続させた一因である。

彼女は裕福な家庭で育ったと思われがちだが、実際は違う。ゴルフのクラブは一本一〇〇〇円の中古品を子ども用に切って使っていた。小学校の頃は、安いショートコースを回った。中学一年生でアメリカに行っているが、その際もお小遣いを節約して一万円残している。

宮里藍は、父親なしには語れない。父親は彼女に対して英才教育を施《ほどこ》すが、決してゴルフ漬けにはしていない。三歳からピアノを習わせているし、ゴルフより学校生活を優先させている。そのお陰で、彼女は英検三級に合格し、部活動・生徒会に参加して学校生活を謳歌《おうか》している。父親の、人間としての成長に重きを置いた子育てが成功したケースだ。

子育ての環境に重きを──石川遼

石川遼《いしかわりょう》は、ツアーで世界最年少優勝を果たし、高校一年生でプロ宣言。めざましい活躍を見せて日本で最年少賞金王記録保持者となった、これからが楽しみな若手プロゴルファーだ。実力に加えて、爽やかなルックスと会見でのしっかりとした受け答えで好感度が高い。

『ハニカミ王子　石川遼選手の秘密』（講談社・編）を参考に、彼の幼少の頃を見ていく。

彼がゴルフに触れたのは、自宅の庭でまだ三歳のときだった。その後、小学一年生で本格的にゴルフを始めている。小学二年生でコースに出て、四年生のときには「プロゴルファーになる。いつかマスターズで優勝する」という大きな目標を立て、後に卒業文集に書いている。そして夢の実現に向けて、六年生のときにジュニア大会で優勝し、担任の先生から「試合があったら、また報告してね。クラスみんなで応援するよ」と励まされている。

彼は、学校ではゴルフをしていない。中学校にはゴルフ部がなかったため、陸上部に入部している。幸運にも、顧問がゴルフを理解していたため、彼は陸上部でゴルフに役立つ足腰作りをおこなった。それが、後に下半身の強化に繋《つな》がる。また、中学一年生では、アメリカ遠征《えんせい》に向けて、放課後の時間に一対一の英会話レッスンを担任から受けている。中学三年生では、体育祭の実行委員長を務めた。このように、教師たちから支援を受けながら、学校外活動が充実した中学生活を過ごしている。

彼のゴルフ生活は、学校の協力ともう一つ、家族の支えで成り立っている。父親は、「夢は叶えるものではなく、持ち続けるもの。夢のない人はいない」といって、息子の練習の持続に腐心する。練習だけではない。石川遼の記者会見の受け答えのうまさや言語能力は、ゴルフの練習に通う車中の、父親との問答で生まれたともいわれている。

一方、母親の存在はどうだろうか。母親は、彼に本の読み聞かせをしている。その際に、「聞かされた」ではなく、「読んでくれた」と印象づけるように振る舞ったという。また、彼がゲームに興味を持ったときに、父親の説教を止めている。違う発想を持ったもう一人の親がバランスをとっているのである。彼のバランスのとれた発言は、ここからも来ている。

さらに両親は、子育ての環境を整えることで、彼のゴルフ人生を確かなものにしている。父親は「子どもの体験」を重視し、子育てをする環境を整えることに重きを置いた。新居を購入するときには、同世代の世帯主、同程度の生活レベルの新興住宅地を選択している。子どもが、将来のよき相談相手・ライバルとなる友だちとのびのび遊べる環境を求めたのだ。

孟子《もうし》の母親は、子どもの教育のために三回引っ越しをする。最初の家は墓地の近くだったため、陰気で寂しいと繁華街《はんかがい》に引っ越す。ところが、繁華街は刺激がありすぎて誘惑が多いと、閑静《かんせい》な住宅地に引っ越す。「孟母三遷《もうぼさんせん》」の話だ。環境が子どもの教育に大きな影響を与えることを教えている。彼の父親はまさにこの説に近い子育てで、今の石川遼を育て上げたのである。

遊び、体験し、一流に──松井秀喜

二〇一二年末の引退会見で、日本中のファンを悲しませたことが記憶に新しい。松井秀喜《まついひでき》は、日本が誇るプロ野球選手だ。甲子園に出場した後、読売ジャイアンツに入団。人々の記憶に残るプレーを続け、二〇〇三年に渡米して大リーグで活躍し、世界中の人を魅了した。

彼もまた、最初から野球一本の幼少時代を送っていたわけではない。父親の松井昌雄《まついまさお》が書いた『パパゴジラのまっとうな男の子の育て方』によると、彼は小学一年生で少年野球クラブに入部するが、一週間でやめている。四年生で柔道教室に通い始め、五年生のときに県大会の個人戦で三位に入賞して、石川県の国体強化選手に選ばれている。加えて相撲にも挑戦していた。五年生のときに、以前の少年野球クラブに再入部してチームのキャプテンになっている。様々なスポーツを体験していることがわかる。

また、スポーツだけではない。三歳の頃からピアノも習っている。ピアノはあまり上達しなかったが、音感だけは育ったという。スポーツに大事な要素の一つである。

彼の家には遊具がたくさんあったため、友だちと家で一緒に遊ぶ機会が多かった。近所には田や畑、海、川があり、外遊びとして魚釣りやザリガニ獲りにも熱中している。

さらに、家庭の年中行事にも多く参加している。七五三をはじめ、正月、七夕、夏祭り、秋祭りの行事は欠かさず、町内のお祭りにまで顔を出している。また、行事に参加して遊ぶだけではなく、そのなかで田植えや稲刈りの手伝いもしている。

小学二年生の頃には、捨て猫を拾って飼い始め、雨でずぶぬれになってやせこけた子猫に温めた牛乳を与えたり、座布団の上に寝かせてタオルをかけたりと一生懸命に世話をした。彼は、非常に多様な体験を幼少期にしているのである。

それでは、家族のスタンスはどうだったのだろう。ここで、彼の父親の子育て哲学を見てみる。ポイントは三つある。

①子どもでも、一つの人格として尊重する。

…「秀《ひで》さん」とさんづけで呼ぶ。頭ごなしに怒鳴りつけず、子どもと向き合う。

　子どもなりの男のプライドを傷つけない。

②子どもの意見を尊重する。

…小さい頃はできるだけ自由に遊ばせる。親は意見を提示するだけで強制せずに、子どもに考えさせる。欲しいものは自分でお金を貯めて買うように自立を促す。

③夫婦仲がよい。

…夫婦間で「ありがとう」「おはよう」などの挨拶をすると子どもも真似をする。

　父親の子育てから「一流のアスリートである前に、一流の人格者であれ」というメッセージが伝わってくる。

　松井秀喜は、高校時代のインタビューで、高校生にしては質問の受け答えがうまいといわれた。アメリカでグッドガイ賞も受賞している。これは、親のしつけが寄与《きよ》しているといえる。父親が子どもとのコミュニケーションを大切にし、子どもが成長した。

父親が生涯をかけた—イチロー

　本名・鈴木《すずき》一朗《いちろう》は、現在も大リーグで活躍する名プロ野球選手。「打つ」「走る」「守る」の三つすべてにおいて秀《ひい》でている彼は、ＭＬＢのシーズン最多安打記録や一〇年連続二〇〇安打など、多数の記録を保持している。彼がグラウンドに立てば、何か面白いことが起きるのではないかと人々を興奮させる伝説のアスリートの一人だ。彼を一流に育てあげた父親、通称「チチロー」もテレビをにぎわす有名人である。

そんな輝かしい活躍を見せるイチローだが、父親の鈴木宣之《すずきのぶゆき》が書いた『父と息子　イチローと私の二十一年』によると、イチローは幼少の頃は手のかかる子どもだったという。

幼児期には、乳を飲んでももどしてしまい、離乳食もあまり口にしなかった。小学校に上がって、学校の給食生活がスタートしたと同時に「野菜大嫌い人間」となる。母親はそんな野菜嫌いの彼のために、彼の好きな大根を入れた「大根たっぷりのみそ汁」を作っている。

しかしその偏食も、高校の野球部で尊敬する中村監督《なかむらかんとく》の強い指示で少し改善した。

彼が野球と出会ったのは、三歳と早かった。遊びで野球のボールを触らせたのが始まりである。幼稚園児のときに「プロ野球の選手になりたい」といい出したという。

だが、「イチローは野球しかできないといわれたら可哀《かわい》そう」という母親の想いから、野球のほかにお稽古事をさせている。四歳から小学六年生まで習字を習い、小学二年生からそれと並行してそろばん塾へ通った。

様々なお稽古事をしていたが、小学二年生の終わり頃になると、彼は本格的に野球をやりたいと切り出す。そこで、町内にあるスポーツ少年団の野球部に入部する。平日は父親とマンツーマンの野球練習に勤《いそ》しみ、それは中学校に上がるまで四年間続いた。彼は天才だとよくいわれるが、努力の継続ができる天才だといえる。

中学で野球部に入部すると、監督に体が小さいといわれて、ひたすら牛乳を飲み続けた。そして、スポーツマンとしての体のハンデをものともせずに、彼はエースの三番打者として、チームを全日本少年軟式野球大会三位に導いた。

もちろん、野球に没頭する合間に勉強もしている。彼は、英語と数学の塾にも通っていた。その結果、高校受験の際に「県立の進学校に進んだら、東大に行ける可能性はありますよ」とまで校長先生にいわれている。

彼のめざましい成長には、彼自身の努力とお稽古事などの体験のほかに、父親の教育が非常に大きく関わっている。父親はイチローのためにサラリーマンを辞め、自由な時間がとれる自営業を始めている。生涯をかけて、イチローの練習にトコトン付き合ったのだ。中学校の試合は全部見学し、ネット越しに練習を見るのが仕事後の父親の日課となっていた。コーチに「フォームを変えないで欲しい」と、願い出てまでいる。

さらに父親は、ほぼ毎日練習後の息子の体をマッサージしている。そして、中学校三年間の勉強も教え続けた。時には息子のためにマスクメロンを箱買いする。勉強でいい成績を取れば、大好きなマンガやゲームも買い与えた。

「イチローの夢は私の夢」であり、「最高の教育は父親が教える」とは、イチローの父親の名言である。ステージパパを越えた、一心同体の父子であったといえる。

宮里と石川、そして松井とイチローに共通するのは、父親が大局的《たいきょくてき》な視点に立った哲学を持ち、その考えに沿って子どもをしつけた点にある。また、どの父親もスポーツの力だけでなく、コミュニケーション能力を育てるために子どもの声をじっくり聞いている。決して何かを強制するのではなく、自発的に子どもがしたいことを応援しているのだ。

やんちゃで勘所を知る――古田敦也

古田敦也《ふるたあつや》は、プロ野球選手として活躍し、名捕手として一時代を築いた。選手兼監督もこなし、現在も野球解説者・スポーツキャスターとして活躍している。

自著『古田ののびのびＩＤ野球』によると、今の穏やかな風貌《ふうぼう》からは想像もできないが、彼の子ども時代は「やんちゃ坊主」そのものだった。幼稚園児の頃に七歳上の兄にライバル心を抱くと、「兄にできることは自分もできる」と思い込み、兄の自転車を乗り回していたという。そのようなライバル心を持つ一方で、仲良く一緒に風呂に入り、素直に勉強を教わってもいる。そのせいか幼稚園児で、かけ算を使う計算問題をすでに解いていた。

また、幼稚園時代は怪我が絶えない子どもでもあった。遊びのリーダー格となった彼に苦戦した幼稚園の先生からは、毎日苦情の電話が家にかかってくるほどだったという。このとき両親は、本気で幼稚園をやめさせようかと話し合っている。

小学校に上がっても、やんちゃぶりは消えていない。終わりの会では、彼の行動が話し合いのネタになり、悪行が黒板に箇条《かじょう》書きにされた。

そんな彼が、野球を始めたのは、小学三年生。地元の軟式野球チームに入団し、頼まれて渋々キャッチャーをしている。

野球では目立つことはなかったが、野球以外では、目立ちたがりであった。児童会役員選挙にも立候補する。

中学校に上がってもやんちゃは収まらず、ケンカに明け暮れている。「目が合った」と因《いん》縁《ねん》をつけては、ケンカを繰り返していた。

ケンカをしていないときは居眠りをしていたそうだ。だが、授業中に居眠りをしていてチョークをぶつけられると、起きてすぐに質問に答えたという伝説を持つ。授業開始の一〇分ほどで一日の授業の内容を教科書から読み取ってしまっている。勘所《かんどころ》を押さえる力と集中力が、日頃の生活で身に付いていた。

野球は好きだったが、他県に留学をしてまで野球をする気にはなっていない。そのため、高校は地元の進学校に進んでいる。高校でも野球部に入りはするが、進学校の練習時間は、毎日一時間のみで、六時には帰宅していた。

ここまで読んでも、やんちゃでケンカの絶えなかった彼が、何故一流の野球選手にまで上りつめることができたのかという点に疑問が残る。その答えは、彼の父親にある。柔道の有段者の父親は、彼にとって誰よりも怖い存在だった。

彼は父親と、次のシンプルな三つのことを約束していた。

①警察のやっかいになってはいけない。
②泥棒はするな。
③女の子をド突いたらいけない。

父親は子どもには寛大《かんだい》で正義感が強く、曲がったことが大嫌いで悪いことをすれば厳しく叱った。

息子が学校でいじめに遭ったときは、学校側の理不尽な対応に怒った父親が、校長室に怒鳴り込み、解決を図っている。

ここで大事なのは、父親はあれこれと指示をするのではなく、要所を押さえてしつけをしていることである。一本筋が通っている。いざというときには自らが登場し、子どもを全面的に支えている。そこに信頼関係が築かれ、息子が道を外れることをさせなかったのだ。

古田敦也は、決して優等生ではなかった。ケンカに明け暮れた幼少期を過ごしている。ケンカしていないときは居眠りをしているが、学業成績はよく、高校は進学校に進んだ。勘所を押さえる学習方法を身に付けたのがポイントである。

勘所を押さえて山を張る学習は、遊びのなかでのケンカを通して会得《えとく》したのだろう。

悪ガキの宝物は友だち――山下泰裕

山下泰裕《やましたやすひろ》は、「ロス五輪で金メダル獲得」「国民栄誉賞受賞」「二〇三連勝、対外国人選手無敗」「世界選手権三連覇、全日本選手権九連覇」という輝かしい成績を残した柔道家である。現在は柔道の普及活動を目指して、東海大学の教授・副学長を務めている。

自著『背負い続ける力』によると、彼が柔道を始めたのは九歳の頃。小学四年生で初めて対外試合に出場するが、一回戦で敗退する。当時興味を持っていたのは、ソフトボールで、中学校に上がってもソフトボールをやろうと仲間と誓っているほどだった。週二回の道場通いは、遊びだったらしい。

彼は外遊びに夢中となり、日が暮れる頃に帰宅してはよく親に叱られている。小学三、四年生の頃は、近所の中学生と遠くまで魚釣りにも出かけている。その際に連絡なしで帰宅したのが夜の八時過ぎだったため、本気で親に叱られるが懲《こ》りない。学校が終わると目が輝く子どもであった。

宿題もせずに、本も読まず、野山を駆け回る。通知表の所見欄では、ほめられたことは一度もない。本人にいわせると、すぐ手が出る悪ガキだった。

肥満児の悪ガキ小学生に、母親が武道を習わせたのが、この道を目指すきっかけとなった。最初は剣道。しかし、それはすぐにやめている。そして、剣道がダメなら柔道がある、といって道場に連れて行かれたのである。

当時流行《はや》っていた歌に、美空《みそら》ひばりの「柔《やわら》」があり、映画では『姿三四郎《すがたさんしろう》』や、嘉納治五郎《かのうじごろう》と講道館四天王《こうどうかんしてんのう》をモデルにした『柔道一代』が上映されていたため、彼はやがて柔道の魅力にはまる。そして、柔道一筋に打ち込み始めるのである。

彼は、周囲の友人に恵まれていたという。ロサンゼルス・オリンピックで金メダルを獲《と》ったあと、熊本の小学校時代の同級生が駆けつけて、お祝いの会を開いている。会の最後に記念品として渡されたのは、一枚の表彰状。彼が人生でいちばん感激したというものなので紹介する。

あなたは、小学生時代その比類稀なる体を持て余し、教室で暴れたり仲間をいじめたりして我々同級生に多大な迷惑をかけました。

今回のオリンピック（ロサンゼルス）においては不慮の怪我にもかかわらず我々同級生の期待を裏切るまいと持ち前の闘魂を発揮して見事金メダルに輝かれました。このことはあなたの小学校時代の数々の悪行を清算して余りあるだけでなく、我々同級生の心から誇りとするものであります。

よってここに表彰し、偉大なるやっちゃんに対し最大の敬意をはらうとともに永遠の友情を約束するものであります。

昭和五十九年八月二十六日 昭和四十四年度浜町小学校卒業生一同

彼が、いまでも大切にこの表彰状を額に入れて飾ってあるのも頷《うなず》ける。やんちゃな遊びを共にし、一緒に少年期を体験した人たちがここにいる。本人の頑張りはもとより、それを支える小学校時代の仲間がいた証《あかし》だ。泥んこになりながら悪ガキをした友だちが、財産になっている。

ここでもうひとつエピソードを記す。小学一、二年生の頃、彼がいじめに遭ったときのこと。彼は、友だちの虚偽の報告でいじめっ子とされ、母親からきつく叱られている。

彼は、母親から友だちをいじめた理由を問いただされた際に、必死に誤解を訴えた。母親はそれを信じた。

翌日、母親は学校に行き、事実関係を調べてほしいと抗議している。濡れ衣を着せられた子どもをしっかりと守ったのだ。この親子関係には、信頼が築けている。

古田も山下も小学校時代はそれこそ手をつけられないほどの「悪さ」をしていた。それも一人ではない。友だちと一緒に徒党を組んでしている。彼らはそこで、人間関係能力を身に付け、交渉力を鍛えている。今や野球界や柔道界だけではなく、広い世界で活躍する二人の素地《そじ》は、おそらくこの時代に培《つちか》われたのだろう。

自然児が得た超発想力──秋山仁

髭《ひげ》を生やし、長髪にバンダナを巻くという学者らしからぬスタイルでテレビ出演している数学者を見たことはあるだろうか。秋山仁《あきやまじん》は、れっきとした東京理科大学理数教育研究センター長・数学者である。かつては、駿台予備校の講師もしていた。数学検定の会長も歴任している。

肩書きだけ見ると、真面目な子ども時代を想像するが、『秋山仁の落ちこぼれは天才だ』

（吉永良正《よしながよしまさ》・著）によると、幼い頃の彼は奔放で「自然児」そのものだった。夏であろうが冬であろうがかまわず裸足で動き回る。いつもキョロキョロしていて落ち着きがない。しかし、やりたいことだけには熱中する、そんな子どもだった。

母親は心配になって、大学の教育相談の専門家を訪ねている。そこで母親は大学の先生から、「子どもはみんなそれぞれ個性があるのだから、お母さんの期待だけを一方的に押しつけてはいけません。自立させたいのでしたら、自由にさせなさい」といわれたという。

彼は、小学生時代に普通の小学校ではできない体験をしている。入学したのは、私立のむさしの学園小学校。毎朝、自分で飼っていた三頭の山羊《やぎ》を連れて、学校に通っていた。運動場の鉄棒に、山羊を一頭ずつつないで草を食べさせ、昼食は自分たちで野外炊飯をした。

ご飯が炊けるまでの間は勉強するが、普通の小学校で見られるような教室風景の教科学習は、ほとんどしていない。教えられたことは「身の回りの整頓《せいとん》とか、靴をそろえて下駄箱に入れる訓練ばかりだった」という。雨の日は教室で、粘土遊びや工作、図画をするなど、手を動かしてモノを作る日々を過ごした。

あるときは本棚を作った。教師は寸法の取り方を指導し、一メートルの板から二〇センチずつの板を何枚とれるか生徒に考えさせた。ちょうつがいの留め方など、説明書に出てくる漢字の読み方や書き方も教える。日記を奨励し、その日のうちにコメントを添えて返した。

この学校の風景は、黒柳徹子《くろやなぎてつこ》の『窓ぎわのトットちゃん』を想起させる。ここは、キリスト教の学校である。のびのびした校風で一種の労作《ろうさく》教育を行っているのだ。

彼は小学生になっても、やんちゃ坊主のままだった。友だちとグループを作って「少年探偵団」と名付けている。友だちと近くの川で筏《いかだ》を組んだり、森に行けば網や仕掛けを使って鳥を捕まえたりする。蟬《せみ》やトンボなどの昆虫も好きで、その頃は星もきれいに見えたため、宇宙にも関心を持っている。様々なものに触れる機会が多く、興味の対象はどんどん広がっていった。

行動半径もそれに伴《ともな》って広がっている。自転車で近くの公園や渓谷まで遠征を繰り返し、戦時中に作られた防空壕の奥まで探検したこともあった。マネキンをしゃれこうべと勘違いする体験もしている。

しかし、体験は楽しいことばかりではない。彼は、この後に中学校受験に失敗している。ここで、「努力は報われず、正義は滅《ほろ》びる」という口癖が生まれた。本人のいう「落ちこぼれ」の始まりである。だが彼は、幼い頃からの少年期の体験を肥やしとし、好きなことのために一生懸命になる姿勢を崩さなかった。

秋山仁は、受験につまずきながらもすぐに立ち直り、自分なりのスタイルを作る。それは子どもの頃の野外での遊びや、友だちとの秘密基地作りで得た、柔らかな発想と対人関係能力から生まれたのではないだろうか。

毎日が彼の舞台だった——太田光

爆笑問題の太田光《おおたひかり》は、テレビで見ない日がないほどの、超のつく売れっ子タレントである。社会問題に関心を持ち、視聴者の目線でわかりやすく問題の核心《かくしん》をつく発言が好評だ。時には毒も吐《は》く。彼は、建築家の父親と新劇女優の母親との間にひとりっ子として生まれた。自著『爆笑問題　太田光自伝』を参考に、彼の子ども時代を見ていく。

幼少の頃は人見知りでありつつも、母親の読み聞かせを楽しみにするかわいい子どもだった。『ひみつのアッコちゃん』『仮面ライダー』『ウルトラマン』、『ケロヨン』『オズの魔法使い』という変身モノに興味を抱き、実際に変身できると信じていた。幼稚園の入園式ではUFOを見たという。いろいろな物語に触れて、想像力を広げた時期である。

彼は、子どもの頃からエンターテイナーだった。遊びを考える名人だ。小学二年生の頃、コンクリートの広場と階段を使う、「高鬼」を進化させた遊びを考案した。その際に、細かなルールまで作っている。国語の音読では、声色《こわいろ》を変えて面白く読む。また、デートをする遊びも考え出す。グラウンドに出て、時間内に男の子と女の子が誰でもいいからお話をする。相手が気に入らなければ断ってもよく、何人とデートできたかを競う内容だ。どうすればそんなことを、小学生が考えつくのだろうか。

小学三年生になると、学校の帰り道に、一つ怖い話をしなくてはいけない決まりを作る。大方は一人で怖い話をするようになる。落ちまで付けて笑いをとる。このとき、お稽古事としてエレクトーンを週一で習っている。他にも、書道・そろばん・学習塾に通うがすべて三日坊主で続かなかった。人にモノを教わるより、自分が好きな本を読み込むほうを好んだ。

小学四年生になると、万引きやいたずら電話、人の家に配達された牛乳を飲むなどの悪い遊びに没頭《ぼっとう》する。雑居《ざっきょ》ビルのエレベーターを上下させる遊びをし、パチンコ屋で球を拾って打ち、そして捕《つか》まった。周りからは問題視されていたが、母親はまったく気にかけない人だったので、小学校でいちばん楽しかった一年間だったと彼はいう。

小学五年生で、少年野球チームに入部している。背番号は九〇でかつての長嶋と一緒だったが、三軍の補欠であって芽は出なかった。すぐにやめている。

スポーツの才はなかったが、文化的な遊びは得意分野だった。小学三年生で創作劇の脚本もどきを書いている。四年生では「刑事コロンボ」、五年生ではコント、六年生では「UFOが飛んできた」という創作劇を続けて作っている。

脚本だけではなく、読書感想文でも賞を獲っている。また、詩にも挑戦した。『塾』という題で、学校があるのになぜ塾に行かねばならないのか、という深い内容を書いている。

彼のこのような行動や性格には、芸能の道を進む両親の存在が深く関わっている。父親は、若いときに落語に入れあげ、弟子入りを志願するほどであった。また、太宰治に自分の作品を読んでもらおうともしている。小説家か映画監督を目指していた。

元女優の母親は、芝居を見に行くのが好きで、よく彼を連れていった。また、教育ママではないので、彼がお稽古事をすぐにやめても文句をいわなかった。

太田光は、母親の読み聞かせや観劇、父親の芸能関係への趣味、たくさんの読書などの影響で感性を磨いてきた。少年期の体験が、今の太田光のエネルギーの糧《かて》になっている。

秋山、太田とも学校の教師から見れば、非常に手のかかる子どもであった。破天荒《はてんこう》で神出《しゅっ》鬼没《きぼつ》の行動をする、いたずら好き。優等生の枠からはみ出た行動をする。それが成人してから、すべて肥やしになっている。学校のなかだけでは、大胆で緻密《ちみつ》、そして想定外の構成力を持った彼らは生まれなかっただろう。

人並み以上の努力の子――山崎直子

山崎直子《やまざきなおこ》は、二〇一〇年スペースシャトル・ディスカバリー号に搭乗し、念願の宇宙へと飛び立った宇宙飛行士である。現在二児の母でもある。夢をかなえ、仕事と家庭を両立させた彼女は、理想の現代女性像といえる。

　自著『なおこ、宇宙飛行士になる』によると、彼女が宇宙に対して憧れを抱いたのは、小学二年生のときだった。彼女は、父親の仕事の関係で五歳から七歳までを札幌で過ごしている。冬のよく晴れた寒い夜には、小学校のグラウンドで催《もよお》された「星を見る会」に家族全員で参加した。校庭には、誰でも自由にのぞくことができる天体望遠鏡が並べられていた。彼女はそこで、月の表面にあるでこぼこしたクレーターを見たのだ。

　北海道の冬の空はクリアで、たくさんの星が瞬き、天の川はミルク色に輝いていた。生まれて初めて天体望遠鏡をのぞいた感動は、いまでも忘れることがないという。この頃の体験が、後の彼女の生きる道の選択肢を作り出している。

　小学二年生の夏、彼女は生まれ故郷の松戸に帰った。よく兄と二人で、市民会館のプラネタリウムに通っている。そこで、プラネタリウムが繰り広げる世界に夢中になる。宇宙への好奇心が膨らむなか、七〇年代後半に大ヒットしたアニメ『宇宙戦艦ヤマト』と『銀河鉄道999《スリーナイン》』の虜になる。「私が大人になる頃には、誰でも古代進みたいに宇宙にいけるんだろうな」と想像しては、うっとりする日々を過ごしていた。

　そんな彼女に運命の出逢いがあったのは、中学三年生のとき。当時から宇宙への憧れはあったものの、まだ宇宙飛行士という具体的なイメージは乏《とぼ》しかった。小学校の卒業文集には

「学校の先生になりたい」や「ディズニーランドで働きたい」と書いていたくらいだ。小学校時代は普通の女の子であった。それが中学三年生の受験勉強中に、スペースシャトル・チャレンジャー号の爆発を見て一転する。きっかけとはそんなものなのかもしれない。音があったほうが勉強に集中できるからと、テレビをBGM代わりにつけていたのだ。

彼女は、このときの事故で亡くなった、女性であり、妻、母、教師、そしてなにより宇宙飛行士だったクリスタさんに関心を持つようになる。同じ教師の道を歩もうと考えている自分が、その道を受け継ぐことはできないだろうかと考え始めたのだ。

また彼女は、中学校に入学したときにはすでに外国に興味を持ち、中学一年生のときから、六年間オハイオ州に住む女の子と文通をしていた。そうしているうちに、海外旅行だけではなくその土地に暮らしてみたくなり、英語力をつけるために、ラジオで英語講座のヒアリングをしている。その後、大学では英語クラブESSに入部して、着実に目標実現のためのステップを歩んだ。

こうして少しずつ、宇宙への憧れは、職業として宇宙飛行士になるという目標へと変わった。宇宙への道は突然開けるものではない。小さな体験の積み重ねと偶然の出来事が織りなされて達成できたのである。

著名人の少年期に見られる共通点

一二名の有名人に関する幼少年期の体験を見て、あなたはどう思っただろうか。

少年期の体験が、今日の彼らの基礎を形作っているということは明確だ。彼らは決して、学校の世界だけで大成していないし、〇〇漬けにも陥っていない。学校外で幅広い体験をしてきている。

取り上げた一二名に関しては、多くの共通する点が見られた。そこに、成功する大人になるためのヒントが隠されていると考える。以下に、共通項を四つ示す。

①幼少期に様々な体験をしている。

お稽古事や塾、それからスポーツのジムなどに一度は通っているか、様々な学校外の教育機関のお世話になっている。最初からサッカー、野球、スケート、ゴルフ漬けになってはいない。

②小学三、四年生の頃にやんちゃ坊主、やんちゃ娘であった。

部屋のなかで遊ぶ内向きの子どもではなく、友だちと一緒になって外遊びをする子どもであり、その多くが遊びの中心的な役割を果たしている。遊び集団を仕切っていた。

③小学五、六年生の高学年になると、集団のリーダーになっている。

多くの人が学級委員や児童会の会長、副会長を経験している。部活動でも主将、副主将を務めた。

④両親が、子どものしつけに責任を持つ。

親たちが、見識《けんしき》を持ってしつけている。子どもの特質をよく見て、様々な体験をさせ、そのなかから子どもに適した道筋を見つけている。親は子どもの「今」ではなく「将来」を見据《す》えた大局的な視点から子育てをしている。

また、プロテニスの杉山愛《すぎやまあい》を育てた杉山芙沙子《すぎやまふさこ》は、『一流選手の親はどこが違うのか』のなかで、石川遼、宮里藍、錦織圭《にしこりけい》の親にインタビューした結果、共通点を一三点挙げている。そこから五点、今までの話と重なる項目を取り上げると以下になる。

①外遊びを多くしていた。
②家族や友だちと多人数で遊んでいた。
③遊ぶ場所を選ばなかった。
④専門競技以外にも多種の競技をやっていた。
⑤スポーツ以外の習い事については、最初は親の判断で始めたが、「習い事をやらせて良

かった」と親が感じていた。

以上のことを、あなたは子どもの頃に体験していただろうか。あるいは、今の子どもにしてあげられているだろうか。一度振り返ってみてほしい。

昔はそんな体験もできたが、今はそう簡単にできないのではないかと思う人もいるかもしれない。それでは、今の子どもたちはどんな課題を抱えているのだろうか。

第三章　日本の子どもが抱える大問題

終戦から七〇年—子どもの遊びは

今の子どもたちは、「生き抜く力」を失っているといえる。しかし、子どもたちは突然「力」を失ったのではない。

年月をかけて、徐々に失っていったと考えられる。

この章ではまず、戦後から現在までの子どもたちの生活の変化を見ていくことにする。子どもが社会を映す鏡であるとすれば、「子どもの生き抜く力」の衰退を探る近道として、戦後の社会変化と子どもの生活の結びつきを辿《たど》る必要があるからだ。

その際に、戦後の子どもの生活は一五年サイクルで変化するという、拙著《せっちょ》『戦後の子ども観を見直す』(明治図書出版、一九九五年)をふまえて説明する。

一五年サイクルで、産業構造の変化、子どもの生活リズムの変化、子どもの遊び、および子ども像の変化に視点を置いて見ていく。

また、社会の動きは、第一次産業、第二次産業および第三次産業の比率で説明し、子どもの生活リズムは、「年中行事」「月単位」「週単位」という時間のテンポの視点を取り入れて考察する。

第一期は、一九四五年から一九五九年頃を指す。

この時期の産業構造は、農林水産業という第一次産業が主流を占める。農村社会が存在し、子どもの生活リズムはお盆、お正月、夏祭り、秋祭りという年中行事を中心に動いていた。

子どもたちの放課後が、たいへん豊かな時代だ。家庭と学校と地域社会の役割がはっきりと分担されていた。社会全体は貧しかったが、子どもたちにはハングリー精神があった。家の手伝いは当然で、農繁《のうはん》期には大事な労働の一端《いったん》を担っていた。

昼間は街角で紙芝居を観て夢中になり、雑誌は貸本屋に行って借りて読んだ。小遣いは年中行事のときにしかもらえなかったため、雑誌の大半は月刊誌だった。読み物としては、『少年』『少年画報』などが挙げられる。

子どもの仲間は、集団で形成されていた。漫画のまわし読みが流行っていたのもこの時期のことだ。

仲間集団のサイズはかなり大きくて、六名から八名ぐらいのメンバーからなっていた。しかもメンバーは固定化されていたのである。以下は、いわゆるギャング・エイジの典型的な姿だ。

①同性の集まりである。

②閉鎖的でメンバーの入れ替えがない。
③秘密的で禁じられた遊びをする。
④ガキ大将がいる。
⑤集団の凝集性《ぎょうしゅう》を高める装置を持っていた。たとえば、集団の名前、仲間の印としてのバッジ、手帳、それから秘密の暗号、誓いや掟などがあった。
⑥外部に対して闘争的で、よく決闘《けっとう》や果たし合いがあった。ガキ大将を中心にした集団遊びが主流であった。

柳田国男《やなぎたくにお》の遊びの分類によれば、遊びには次のものがあったという。

①言葉遊び（なぞなぞ、しりとり、数え歌など）
②手遊び（お手玉やあやとり、双六やトランプなど）
③軒遊び（メンコ、まりつきなど）
④庭遊び（かくれんぼ、石蹴《け》りなど）
⑤辻《つじ》遊び（凧揚《たこあ》げ、秘密基地づくりなど）
⑥野遊び（今でいうオリエンテーション）

野山を駆けめぐりながら、時にはいたずらをし、地域の人に叱られた。しかし、子どもは独自のルールを決めて、役割分担をし、集団を保っていた。そこには子どもたちの文化があった。

漫画家のはらたいら氏が描いた『最後のガキ大将』(フレーベル館、一九八六年)という自伝を読んでみてほしい。当時の子どもたちの遊ぶ様子がよく描かれている。

この時期の子どもたちは、マルチの体験をした人間であり、それぞれがガキ大将でもあった。芸能・スポーツ界で見ると、ビートたけしを始め、沢田研二《さわだけんじ》、五木《いつき》ひろし、ジャンボ尾《お》崎《ざき》など、今でも活躍するビッグネームが連《つら》なる。いわゆるベビーブーマーといわれる団塊《だんかい》の世代の児童期と考えてもらうといいだろう。

メディアに敏感な現代っ子の誕生

第二期は、一九六〇年から一九七五年頃を指す。

この時期は、第一次産業は半数を割り、第二次と第三次産業が主流となり始める。給与所得者のサラリーマンが半数を超えたのもこの時期のことだ。「もはや戦後ではない」という声が聞かれた後である。人々が東京や大阪の大都市に集中する都市化が始まり、成熟する時期でもある。

生活リズムは、これまでの年中行事から月単位に変わる。テンポが少し速くなった。子どもの小遣いのもらい方も変わる。年中行事ごとにもらっていたのが、月ごとにもらい始める。大人の世界では月賦販売という言葉が使われた。

そして、月単位のテンポは出版社にも影響を与える。週刊漫画誌の創刊ラッシュが始まる。『少年サンデー』『少年マガジン』は一九五九年、『少年ジャンプ』(創刊時は月二回刊)は一九六八年、『少女フレンド』『マーガレット』は一九六三年に発売された。

ここに、漫画世代が誕生した。

またテレビも普及し始める。一九六四年の「東京オリンピックをカラーで見よう」というキャッチコピーの影響を受けて、八割を超す家庭がテレビを持つようになった。

生まれたときからテレビがあるというテレビ世代が誕生する。生体験と疑似体験の区別が付かない、共通一次世代の新人類たちの出現である。

やがて、テレビと漫画の魅力が放課後の世界を脅かし始める。けれどもまだ外遊びと内遊びの両者が拮抗《きっこう》している状態だ。

この頃はまだ、都市部や地方においても、放課後に徒党《ととう》を組んで遅くまで外遊びをする仲間集団が存在していた。秘密基地作りをしたことのある世代である。集団のサイズも大きく、集団内のメンバーの年齢もまちまちであった。

第二期の子どもたちは、第一期と違ってマスメディアに強く、流行に敏感という特性を持っている。

阿部《あべ》進《すすむ》氏がネーミングした「現代っ子」の誕生である。彼のいう「現代っ子」は次のような特徴を持っている。

①世の中を変えていく可能性を持つ。
②自分の生き方を自分で決める。
③要求を突きつける。
④変わり身の早さを身に付けている。

今と比べると、ずいぶんとエネルギッシュな子ども像である。

この時期の子どもとして代表的な人物は、芸能・スポーツ界から挙げると、松本人志《まつもとひとし》であり、桑田真澄《くわたますみ》である。女性では松田聖子《まつだせいこ》が浮かぶ。

ちなみに山口百恵《やまぐちももえ》は、第一期に入る。よって結婚すれば家庭に入るのも納得がいく。性の役割を当然のごとく受け入れるのである。その一方で、松田聖子は、仕事中心で海外にも仕事場を見つけている。自分の要求に忠実に動き、変わり身の早さを身に付けている。

独り遊びがうまい子どもたち

第三期は、一九七六年から一九九一年頃を指す。

この時期、産業では第三次産業が主流となる。情報産業とサービス産業が勢いを増す。第一次産業の専業農家はついに一割を切り始める。

生活リズムは週単位となり、テンポは一層速くなった。勤労形態では、松下幸之助が採用した週五日制が、全国で定着し始める。「花金《はなきん》」という言葉が生まれる。

子どもの世界では、忙しい子どもが誕生する。

子どもは、三間《さんま》(遊び空間と遊び仲間と遊び時間)を失い始めた。と同時に手帳を持つ。遊ぼうとすればカバンから手帳を取り出し、日程の調整をする。サラリーマンのミニチュア版が出現したのである。

当然、放課後の世界は狭いものとなる。都市部だけでなく、地方においても塾とお稽古事に通い出す人が増える。塾とお稽古事のない日は家のなかにこもり、テレビと漫画が友だちになった。子どもの独りぼっち化現象が生まれる。

天気のよい放課後に、家の壁に向かって独りでキャッチボールをする子どもを見かけるようになる。友だちと遊びたいが、自分が暇なとき友だちは忙しいため、ボールの壁あてでぐっと我慢をするのだ。子どもが独り行動するのが普通になってくる。

得意な遊びは、インベーダーゲームやテレビゲームで、集団で外に出て遊ぶよりも、室内で独りで遊ぶことができるものを好んでいる。この時期に子ども時代を過ごした芸能・スポーツ界の人物を挙げれば、宇多田《うただ》ヒカルであり、松坂大輔《まつざかだいすけ》である。ベビーブーマーのジュニア世代である。

そして、独り遊びが得意な子どもの傾向は、今日まで続く。

一九九二年から今日までの、第四期に生まれた子どもたちもその特色を踏襲《とうしゅう》する。今は、まさに第四期の最中《さなか》にある。産業では、車とIT産業に勢いがある。

文部科学省（導入当時は文部省）は、一九九二年から学校週五日制を導入し、二〇〇二年に完全学校週五日制になった。さらに、学校は小学一、二年生の社会科と理科を廃止し、生活科を導入した。

子どもたちの生活に、ゆとりを持たせようとしたのである。ゆとり世代の出現だ。国をあげて、放課後の世界を復活させようというムードが広がった。

また、「生きる力」を学校教育においてもなんとか身に付けさせようとしている。

二〇〇四年に子どもの居場所作りの一つとして、「地域子ども教室」づくりの施策を打ち出した。七〇億円もの予算を組み、全国四〇〇〇箇所で実施することを計画した。

今子どもの生活リズムは、完全に週単位になってしまった。というより生活リズムが乱れているといえる。金曜日になると疲れきっているように見える子どもが多いのだ。

夜更かしが増え、中学校受験をしない小学六年生のなかでも、夜十一時以降に就寝する子どもが四分の一に達している。

子どもの世界では、放課後が消えてしまったため、仲間集団が存在しない。その特徴は特に男子に顕著《けんちょ》である。休み時間に、小学五、六年生や中学一年生の男子生徒たちを観察してほしい。極端にいえば、話し相手が日々変わっているのが確認できる。友だちが安定していない。友だちを作れないのである。独りぼっちに慣れているので、友だちとどう関わってよいかわからずに戸惑っている子どもが多い。

こうした友だち関係であるから、わたしたちの調査によると、クラスのなかで名前と顔の一致しない人がいると答えた人が、多いクラスで一五％にも達した。

学級のなかで、「赤の他人化現象」が進行しているのである。大勢でいるのだが、よく見るとまとまりはなく、ばらばらな行動をとっている。

この時期に子ども時代を過ごした代表的な人物は、モーニング娘。のメンバーたちである。グループを作っていても入れ替わりが激しい。

第一期は、家庭と学校と地域がそれぞれの役割を保っていた。生活リズムが年中行事中心であったため、本物の「ゆとり」ある生活が保障された。第二期も、マスメディアが子どもの世界に入ってはくるものの、子ども文化は保たれていた。

ところが、第三期から子どもたちの生活のなかで、学校の占める割合が大きくなってくる。学校の囲い込みが始まる。中学生などは朝七時から夕方七時まで部活動と勉強に追われる。学校外の活動が極端に減ってくる。

いじめも、地域ではなく学校の内部で起こり始める。いじめる人といじめられる人が固定化されなくなり、「モグラたたき」の現象が生まれる。

学校での児童会や生徒会活動という自主的な活動も衰退した。そのうえ、時間の関係から運動会、学芸会、文化祭の学校行事、あるいは自然教室、勤労体験などの特別活動と呼ばれるものも少なくなった。子どもたちの集団活動は保障されなくなり、独りで遊ぶ子どもが増えた。

今の子どもたちは、生きにくい時代にいる。心に余裕のない人が増えているのだ。

それでは本題に入ろう。子どもたちは、具体的にどのような課題を抱えているのかを考察していく。

子どもの歩数が半減した結果

虫捕りや川で泳ぐといった体験は、四五歳以上の人には当たり前の体験だった。それがこの約一〇年間で大幅に減少していることが、国立青少年教育振興機構の調査でわかっている。

調査は二〇一一年の一月から二月、全国の小中学高校の生徒およそ二万八四三〇人を対象におこなわれた。

その結果、小学四年生と六年生、中学二年生の調査では、「チョウやトンボ、バッタなどの昆虫を捕まえたこと」が「何度もある」か「少しある」と答えた割合は五九%で、同じ質問をした〇五年度に比べて六ポイント減少。一九九八年度に比べて二一ポイントも減っていたことがわかった。

続いて、「海や川で泳いだ」の質問に対して、〇九年度では七〇%の生徒が「ある」と答えたが、〇五年度に比べると四ポイント減り、さらに九八年度と比べると二〇ポイントも減っていた。「キャンプをした」の質問に関しても、〇九年度では四四%の生徒が「ある」と答えたものの、九八年度に比べると一七ポイントの減少が見られた。

子どもの体験不足には、放課後の世界が消えていることが関係しているのではないか。数字にも、その結果が表れている。特に顕著なのが、子どもの歩数の減少だ。

ＮＨＫの調査によると、三〇年前は一日に約二万七〇〇〇歩あった小学生の歩数は、ここ三〇年で半減し、今や約一万歩程度までに減少しているという。

私が七年前に行った小学五年生対象の調査（月曜日から金曜日までの五日間の平均）でも、約五〇〇〇から一万歩が平均だった（「子どもの生活リズム向上のための調査研究事業――朝食メニューが子どもの生活リズムを変える――」二〇〇七年三月、「早寝早起き朝ごはん」調査報告書）。

また、日経新聞によると東京都の荒川区にある区立第三峡田小学校は、二〇一〇年から年に二～三回「ミリオンウォーク」期間を設け、一日に一万歩以上歩くように促しているという。

東京都は、子どもの歩数の少なさに危機意識を抱き、二〇一一年の七月に「子どもの体力を高めるには一日に一万五〇〇〇歩相当の活動が必要」とのガイドラインを公表している。

「万歩計」は商標登録されている言葉だが、そこには健康を維持するには、一日に一万歩歩きましょうという願いが込められている。実際、五千歩ほど歩くと汗がにじんでくる。それを二倍歩くとかなりのエネルギーの消費になる。一万歩とは、理にかなった歩数のようだ。

子どもの歩数の減少は都市部に限ったものではない。中山間地域ほど歩数が減っている。車社会の普及で歩く機会が少なくなっている。親たちが、つい便利な車で送り迎えしがちだからではないだろうか。

以前、団地と住宅地、および自然が豊かな農山漁村地域の子どもを対象に、放課後どれぐらい遊んでいるか調査したことがある。

先に結論をいうと、いちばん遊んでいるのは団地の子どもたちだった。続いて、住宅地の子どもたち。いちばん遊んでいないのは農山漁村の子どもたちであったため、予想を裏切られた記憶がある。

農山漁村の子どもは、放課後は屋内に閉じこもっている人が多い。家の周りに友だちがいないため、テレビと漫画、あるいはテレビゲームを友だちにしている。

いちばん遊んでいたのは団地の子どもたちであったが、それは家の近くに友だちが多いからである。「遊ぼうぜ」と声をかければ、集まる友だちがいる。

子どもの歩数を多くするには、放課後に子どもたちが集まる居場所づくりが欠かせない。つまり、地域のなかで子どもの人口密度を高くする必要があるのである。

東海大学の小澤治夫《おざわはるお》教授によれば、あまり歩かない子どもは「体調が悪い」「寝付けない」「便秘になる」「やる気がない」とよく口にするという。歩くことは体力だけでなく、体調や気持ちにまで影響を与えるのである。歩かないと、直立不動の姿勢を長い時間とれなくなることもわかっている。現在、夏休み明けの朝礼では、多くの小学校が子どもを体育座りにさせている。立たせると身体をフラフラさせる子や倒れる子どもが続出するからだ。

地面を強く踏む。こうしたチャンスが減っているから、体を静止させた姿勢がとれない子どもが増えている。すぐにでも、歩数計を付けて歩き、汗をいっぱいかく習慣をつけさせたい。

三間（サンマ）を失う

子どもたちの世界から、放課後がなくなっている。それはなぜか。子どもが忙しい時代になったからである。子どもたちのなかには、手帳を持つ人が出現した。

手帳を見ながら、遊ぶ日を決めるのである。私が二〇〇八年に行った六年生一一〇名の調査によれば、手帳を持っている人が四割に達した。遊ぶ日を決めるのに「今日は公文があるからダメ、明日はスイミング、明後日は少年サッカーがある」という話が飛び交う。

子どもたちが放課後遊ぶためには、三間（サンマ）が必要である。まず遊び仲間。次が遊び空間。そして最後が遊び時間で、合わせて三間と呼んでいる。

忙しい子どもが多くなると、自分が暇なときに周りを見回しても、誰もいない事態が頻発する。仲間と空間の二つの間（マ）を失う。

今は都市化が進んで遊び場が少なくなり、空き地が次々に駐車場になっている。野原は宅地造成され、かっこうの遊び場であった路地裏もなくなってきている。道路の隅でチョークで落書きする子どもの姿も消えた。

放課後がなくなると、子どもの居場所が限定されてくる。たとえば、二〇〇六年に小学三年生にインスタントカメラを渡して、放課後の世界で好きな場所を撮らせる調査をした。どの風景がいちばん多かったか。結果は「自分の部屋」「ぬいぐるみやおもちゃ」「ペナント」「好きな漫画」など、部屋にあるものばかりだった。

次に多いのが、居間の風景。「よく観るテレビ番組」「食事のメニュー」「食事風景」である。それらに続くのが、「飼っているペット」「栽培している花」であった。

学校から帰宅する途中の道草の風景は消えている。道端で見つけたり、出会った虫や鳥といった動物の写真もほとんどない。

今の子どもたちの居場所は、下校時の道草ではなくなっている。自宅のなか、しかも自分の部屋というきわめて限定された空間になっているのだ。

子どもの遊びが二極化するワケ

実際に、子どもたちが友だちと外遊びをするのは、一週間のうちどのくらいなのか。

二〇〇七年に、子ども約四〇〇〇人を対象にした全国調査（ＴＯＳＳ子ども調査研究所）を見ると、「一週間のうち一日のみ」と答えた人は一六％、「二日間遊ぶ」は一七％、「三日から五日間遊ぶ」は一番多くて三〇％という回答を得た。さらに「雨の降る日以外はいつも遊ぶ」と答えた人は一八％いる。

「わからない」と答えた、おそらく遊んでいないと考えられる人も一九％と二割近くいる。

一昔前までの子どもと同じように、遊びっぷりのいい子どもは約二〇％弱だった。それに、三日から五日間遊ぶという子どもの三〇％を合わせてやっと半数近くになる。

一方、「わからない」「週一日のみ」「週二日」と答えた人を合わせても、ほぼ半数になる。

子どもの放課後の世界も二極分化し始めているようである。つまり、よく遊ぶ子どもと遊ばない子どものグループがくっきり分かれているのだ。

男女別に見ると、男子は女子より一〇ポイントほどよく遊ぶ人が多いとデータに出た。しかし、よく遊ぶ人と遊ばない人の二つのグループの存在は、男女ともに見られたのである。

さらに学年別のデータを見ると、興味深い結果が読み取れる。

「雨の降る日以外はいつも遊ぶ」という人は、学年が進むにつれて次のように数値が下がっていく。

一年(三六%)→二年(三三%)→三年(二七%)→四年(二〇%)→五年(一八%)→六年(一一%)→中学(七%)

小学一、二年生は、三〇%を超える人が、元気よく外遊びをしている。学校の休み時間を思い出すと、この結果は素直にうなずける。

一方、週に一〜二日しか外遊びをしない人の割合は、学年とともに数値が増えていく。

一年(一一%)→二年(一五%)→三年(一八%)→四年(二二%)→五年(三一%)→六年(三七%)→中学(四四%)

小学四年生から、外遊びをしない子どもがぐっと増えているのを見ると、小学四年生が外遊びの二極分化の分岐点といえそうだ。

「食べっぷり」が就職を決める?

千葉県にジェフ市原・千葉というプロサッカーチームがある。そのチームの青少年育成課長から次のような話を聞いた。

「レギュラーぐらいのレベルになると、九〇分戦える選手と控えの選手の身体能力は差が付きにくい。というよりほとんど差がない。そこでいろいろ調査してわかったことがある。いちばん差が出たのは、小学校時代の食生活だった。九〇分間戦える選手は食事の好き嫌いが少なく、きちんと三度の食事を摂《と》っている。ところが後半疲れて足が止まったりする選手や控えにまわる選手は、食生活に偏《かたよ》りがあり、偏食も多かった」

プロサッカーチームは、しっかりとした組織である。専属のホームドクターを用意しているだけではなく、選手のこれまでの食生活のあり方にまで注目している。

そこでわかった経験則は、三食をきちんととった人はそうでない人と比較すると持続力が圧倒的にあるという。食べっぷりがよい人が、ここぞというときに頑張れるのだ。

もう一つの話を紹介する。これは中小企業の社長が、社員を採用するときの話である。

「うちみたいな会社に入ろうとする学生の知的レベルに差はない。だから教養テストはしない。やる気のある者が欲しい。上司の指示に従い素早く動ける者が欲しい。それを確かめるのが、学生の食べっぷりである」

人事担当者が簡単な説明をして、学生に昼食を食べてもらう。その後、社長室で面接を受けるという段取りである。採用するのは、早く食べて社長室で面接を受けた人たちである。

受験生についても同じことがいえるのではないか。

数量的なデータはないが、筆者のセンター試験の監督経験から、二日目の午後も頑張っている受験生の食べっぷりはいい。食べる勢いのある人は、人生の第四コーナーを回り、鞭《むち》が入ったここぞというときに頑張れるのではないだろうか。

子どもの食はなぜ細くなったのか

「食の乱れ」は飽食《ほうしょく》の時代になって初めて浮き彫りにされた。貧しい時代は、食べることが先決だった。空腹を満たすのが最優先である。好き嫌いをいわず、目の前にあるものを口に入れるだけだった。

それが、子どもたちの食生活に異変が起き始めている。食が細くなった理由は大きく分けて二つある。

「食の内容が乏しくなったこと」「好き嫌いをいう子どもが増えた」ことである。

今の子どもたちは、好きな物だけを食べるようになった。二〇〇六年のNHKスペシャルで、千葉県銚子市にある小学校の朝食の事例が取り上げられていたので紹介する。

子どもたちはインスタントカメラを渡され、一週間にどんな朝食を食べているのかを写してくるように指示される。子どもたちの写真を見ると、朝食としてクッキーだけが写っていたり、チョコレートと牛乳、あるいはカップラーメンだけというメニューもあった。

忙しい母親たちは、ついつい子どもが求めるものしか与えなくなっているようだ。結果として、簡易だが栄養バランスの悪いものが、子どもたちの口に入っている。

意外にも、子どもたちは朝食を食べていた。文部科学省を始めとした全国的な調査結果でも、朝食を口にしない人は五％から八％と少数で、大半の子どもは朝食を摂っている。

問題は、朝食の内容である。しっかりと食べていないのだ。子どもに任せっきりになっている。ボリュームの少ない「貧しい」朝食の内容になっている。

子どもの健やかな成長には、生活リズムの確立が必要である。早寝早起きをする子どもの学力は高い。その早寝早起きのキーワードになるのが、この「朝食」である。しかし、朝食を取り上げた調査は少ない。はたして、「朝食」は子どもにどんな影響をもたらすのだろうか。

文部科学省は、「早寝早起き朝ごはん」の国民運動を起こし、子どもたちの生活リズムの確立をねらっている。そして、多くのデータから朝食を摂る人は学力が高いという結果を示した。

たとえば、全国で初めて行われた学力調査のデータを見ても、朝食を毎日摂っている人とそうでない人とでは、算数・国語の成績で大きな差が見られる。

成績のほかにも、子どもの生活にどんな影響が出るのだろうか。

和食派の子どもは賢くなる?

わたしたちは、文部科学省の委託《いたく》研究で、朝食メニューが子どもの学校生活や友人関係にどんな影響を及ぼすかを調べた。

二〇〇六年に調査した対象は、東京・千葉・鳥取に住む小学五年生の二三一名である。

調査は二つある。一つは、朝起きてから寝るまでの行動記録調査。もう一つはインスタントカメラで朝食のメニューを写してもらうもので先ほど述べたものだ。一日では偏りがあるので、月曜から金曜日までの五日間を調べた。

さらに、一人の子どもの五日間の朝食メニューを、栄養学の専門家に分析してもらった。それは農林水産省が勧めている「食事バランスガイド」を参考にしている。そこでは、以下の四つをモノサシにしている。

①主食（飯、パン、麺類など）
②一汁（味噌汁などの汁物）
③主菜（肉、魚、卵など）
④副菜（野菜、豆類、芋など）

ここで、四種類がそろった朝食を「バランスタイプ」、二品以上不足した朝食を「二品以上不足」、一品不足している朝食を「一品不足」という三つのタイプに分けた。

インスタントカメラを使った調査によれば、「二品以上不足」は二七％、「一品不足」は四二％、「バランスタイプ」は三一％という結果が出た。

バランスのとれた食事をしている人は、三割しかいないことになる。

もう一つ違った視点で、統計をとった。朝食が和食中心（和食四日以上）か、洋食中心（洋食四日以上）かである。

その結果、「洋食中心」がいちばん多く三九％で、次が「和洋折衷」の三五％。いちばん少なかったのは「和食中心」で二六％と、四人に一人にとどまった。

これら二つの相関を調べると、きわめて強い結びつきが発見された。

「バランスタイプ」は「和食中心」に多く、「二品以上不足」は「洋食中心」に多いことがわかったのである。確かに、和食でご飯と味噌汁だけというメニューは、あまり考えられない。ところが、洋食ならば、パンと目玉焼きと牛乳だけが食卓にあってもおかしくはない。よくある光景である。

栄養学的に見て、バランスのいい和食を薦めるが、はたして本当に朝食のメニューによって、子どもの生活スタイルは変わるのだろうか。

朝食メニューの内容と早寝早起きの相関を調べてみると、興味深い結果が読み取れる。

和食派（バランスタイプ）は、夜一〇時前に寝る人が四五％と多い。それに対して洋食派（二品以上不足）は二八％と三割を割る。

つまり、和食派の方が早寝なのである。それに伴《ともな》って、和食派は早く起きている。朝六時半前に起きている人は、三四％もいる。

一方で、洋食派で朝六時半前に起きている人は一三％にとどまる。そして、遅く起きる人がいちばん多く、半数を超えた。

当然のことだが、和食派は洋食派に比べると早く学校に出かけている。

さらに踏み込んでみる。朝食メニューと学校の楽しさは、関係するのだろうか。

和食派で学校が「とても楽しい」と答えた人は六二%。それに対して洋食派は一七%にとどまった。こんなにも数字に差が出てくる。

だからだろうか。和食派は、洋食派に比べると放課後下校する時刻が遅い。学校に長くとどまっている。和食派は、学校が楽しい居場所となっているのがわかる。逆に洋食派は、学校に遅く行き、学校から早く帰宅する。学校嫌いの人が多いのだ。

和食派の子どもは、生活のリズムが確立されている。早寝早起きで朝食をしっかり食べ、学校に早く行き、「とても楽しい」生活を送っている。毎日が充実している。

なぜ、ここまで差が開くのだろうか。

仮説の域を出ないが、和食は洋食に比べて作るのに、親が手間暇かける時間が多いことが起因していると考える。

たとえば、和食を作るとき、親は食事の「段取り」を考える。寝る前にお米をとぎ、電気炊飯器のスイッチを入れながら、朝食は何にしようかと、メニューを頭に思い浮かべる。洋食の場合、寝坊したとしても、パンと牛乳、あるいは目玉焼きで事足りる。用意に手間がかからない。手抜きしても準備が可能である。

朝食への段取りが、子どものしつけにも結びつくのではないだろうか。

段取りのある親は、夕方から夜にかけて子どもの生活に関心を持つ。親たちは、たぶん

「宿題をしましたか」「テレビを見るのをやめなさい」「早く寝なさい」「明日の用意をしなさい」というしつけを怠らない。和食は栄養のバランスがよいだけではない。作る人の「段取り」文化まで巻き込むのである。

和食を用意する親たちは、子どもに関心を持ち、見通しを持ったしつけ観を持っているのだ。

食生活のリズムの崩壊

朝食だけでなく、今、食生活全体のリズムが崩れている。確かに、子どもたちは一日に三度食事をしている。しかし、その間の食のリズムがおかしくなっているのだ。

その典型が「お八つ」が消えて「間食」が増えていることである。お八つはいうまでもなく「八刻《やつどき》」に食べるもの。今の時刻では、午後二時から三時頃となる。

昼食と夕飯の間は長いので、ちょっとした栄養補給をするものである。「三時のおやつは文明堂」というコピーは理にかなっている。

ところが、今や「お八つ」は消えて「間食」が主流になりつつある。子どもたちは平均して一日に二・五回ほどの間食をしている。夕食の前に一～二回、そして夕食後に寝ころんでテレビを見ながら、軽いスナック菓子を口に入れるのだ。

間食の食べ物は少し甘くて軽いものが多い。だから、食べた矢先にお腹が空くため、またすぐに食べることができる。こうして食生活のリズムが壊れていく。

食の乱れは、やがて偏食につながっていく。好きな物を自分だけのリズムに合わせて食べていると、結果として好き嫌いの激しい偏食になりやすい。

手元に、大学生を対象とした偏食の調査がある。結果が興味深いので紹介する（「飽食時代における食育の在り方研究」山田美奈子、千葉大学卒論、二〇〇五年度）。

大学生でも、苦手な食べ物がある人は、実に八二％もいる。確かに、好き嫌いがあるのは人間の特権である。動物は好き嫌いがない。だから、食い合わせが悪くて死ぬ場合がある。

しかし好き嫌いが多すぎると困る。栄養がアンバランスになるからだ。

今の大学生が偏食になった理由として、「味が合わない」「食感がいや」「匂いがいや」が上位にくる。これは子どもたちの偏食と同じ傾向である。

それでは、偏食の多い大学生はどんな特徴を持っているのか。

嫌いな食べ物が六個以上ある人は、次のような行動特性を持つ。

「わがまま」「頑固」「やきもち焼き」「根にもつ」「諦めやすい」「怒りっぽい」である。

「頑固」と「諦めやすい」は一見矛盾するが、両面を持つ人になっている。パーソナリティが安定していない。

好き嫌いは、あるのが当然である。しかし、それにも限度がある。

これまでの経験則やデータから、子どもたちの食は細くなっているのがわかった。食べっぷりが弱くなれば、成人になってからの人間形成に大きな影を落とす。まずは、朝食と偏食に気を付けていただきたい。

ケンカができない子どもたち

今の子どもたちはケンカができない。それは「チョイ悪」体験が減ってきたからだ。子どもたちは、小学校中学年までにイタズラをしてきていない。みんなが「おりこうさん」になってしまったのである。

節分の日に幼稚園や保育所では豆まきをする。チャンスがあれば、そのときに子どもと先生の姿を観察してほしい。

なぜか、先生が鬼の面をかぶって、豆を投げる子どもたちから逃げ回る光景を目にすることが多い。子どもたちは安全圏にいて、常に正義の使者になりたがる。

一昔前までは、やんちゃな子どもが二〜三人いて、率先して鬼の面をかぶり逃げ回っていた。彼らは家に帰宅した後、道路いっぱいに似顔絵などのイタズラ書きをした。

小学生になってからは、「みっちゃん道々〇〇〇たれ」「お前の母さんでべそ」などの悪口をいい合ったり、玄関のインターホンでピンポンダッシュをし、隣の庭のビワや柿などをこっそりとるイタズラもした。

今やそうした「チョイ悪」をする子どもたちの姿が、影をひそめた。子どもたちは、生活に表と裏の二つの空間があることを理解できなくなっている。やっていいことと、やってはいけないことの区別ができていない。だから、ケンカといじめの区別ができないのである。

それは子どもに限ったことではない。大学生でさえもできていない。

私は大学の授業で、「ケンカといじめはどこが違いますか。一言で説明しなさい」という問題を出したことがある。

まずノートに自分の意見を書かせ、隣の人と意見を述べ合う。これがなかなかできない。

ケンカといじめは決定的に違う。一見同じように見えるが、本質が異なる。「ケンカはルールがあるが、いじめにはルールがない」のである。

ここでいうルールとは、攻めるほうが相手に「手心を加える」ことをさす。ケンカには、お互いに暗黙の了解事項があるのである。

兄弟げんかを考えてほしい。兄が妹を怒るときは、本気ではないので軽くたたく。ときに妹は、軽くたたかれても涙を流して兄を困らせる。これを「嘘んこ泣き」という。

妹や弟は、この「嘘んこ泣き」の名人である。子どもたちは、遊びを繰り返すなかで「嘘んこ泣き」を身に付けるし、発見できる。

だから、「兄弟げんか」という言葉はあるが「兄弟いじめ」という言葉は存在しない。

昔は、遊びとケンカが成長の肥やしになっていた。それが今や「やんちゃ遊び」がなくなって、ケンカといじめの区別が付かなくなっている。

少なくなったのはケンカの回数だけではない。口げんかの語句も同じく乏しくなっている。

同じ言葉を繰り返したり、相手の言葉をおうむ返しするだけの口げんかをしている子どもを見ることが多くなった。

「小さい頃に、口げんかで使った言葉、もしくは自分は使っていないが人から聞いた言葉」を学生たちに書いてもらったことがある。

このデータを集計して驚いた。学生の書いた平均の語彙《ごい》数は、たった四個だったのである。これを読者の皆さんはどう思うだろうか。将来教師を目指す人は、二桁《けた》はほしい。裏の言葉を知らないと表の言葉のすばらしさを理解できないからだ。

なぜ「口げんか」の語彙数が少ないのだろうか。先に指摘したように、学生たちが子どもの頃に「おりこうさん」をしてきたからである。彼らは子どもの頃、親と教師という大人との「タテ関係」で過ごしてきた。ここでは表文化が主流となる。口げんかのようないかがわしくて汚い言葉は、当然排除される。

一方、屋内での独り遊びが主流になり、友だち同士の「ヨコ関係」や異年齢の相手との「ナナメの関係」は減ってきている。子ども時代の成長に欠かせない裏文化を体験していない人が、教育系の学生にも出現しているのが現実だ。

それでも、悪い言葉など知らないほうがいいと思う人もいるかもしれない。次の話を聞いてほしい。

以前シンポジウムで、非行少年の専門家である家庭裁判所の調査官と話す機会があった。そこで、少年院に入ってくる少年には共通した特徴があると聞いた。それは家族構成や地域差、あるいは学校差などではない。小学三、四年生の頃の育ち方である。

具体的にいうと、彼らはこの時期に友だちと一緒に遊んだ経験が乏しいのだ。大抵が家のなかでテレビと漫画、それからテレビゲームを友だちにしていた。

親以上に友だちとの接触が少なく、規範とルールの学習ができなかったのである。だから、中学校に進んで、友だちや教師とトラブルを起こしたとき、イライラした気持ちをコントロールできない。

小学校時代に仲間内のルールを身に付けていると、キレたときでも歯止めがかかり、感情をコントロールすることができる。集団のなかで抑止力《よくし》を体験し、自己抑制力がつくのだ。

昔の子どもは、小学三、四年生のときに、仲間と空き地などで秘密基地をつくり「悪さ」の遊び体験をしていた。

そこでは、家庭や学校と違ったルールが適用される。子どもたち独自の決まりが作られ、バッジや旗、あるいはグループの名前が揃えられる。自然とルールを守る大切さを知る。

素人考えでは、非行少年になるのは、子どもの頃から「悪さ」を重ねてきた結果だと思いがちである。

事実は逆である。非行に走った少年は、児童期に友だちと一緒に「ちょい悪」の体験をしていないのである。これは意外な知見《ちけん》である。

集団で掟を守らないと仲間はずれになるのは、人間社会だけではない。サルの群れにも同じことがいえる。

群れのルールを守らないサルは、群れに適応できずに離れていく。そして、群れから離れれば生きてはいけない。サル社会では、群れ落ちが死を意味する。

人間社会でも「村八分《むらはちぶ》」がある。村人同士でいじめて仲間はずれにするが、「火事」と「葬式」のときだけは助け合う。これも暗黙の掟である。人間社会では、究極の生命維持の際にだけ相互扶助《ふじょ》の精神が働く。「いじめ」はこうした群れ（社会）を維持するルールがない集団で生まれる。ルールがあると縛りがかかり、きちんと歯止めがかかるはずなのだ。

「書く力」が弱いのはなぜか

二〇〇四年に日本教育技術学会は、全国にある小中学校で約四八〇校、三万八〇〇〇人の児童・生徒を対象に、漢字習得度の調査をした。

それによると、興味深い結果が読み取れる。「読み」はどの学年とも、正答率が九〇%を超えていた。「読み」の習得状況はきわめて良好である。

ところが、「書き」の正答率は「読み」より低くなる。とりわけ小学二年生から四年生にかけて二年（八〇%）↓三年（七一%）↓四年（六八%）と低下が著しい。ちなみに小学五、六年生はともに六六%であった。

小学一年生に関しては、読み（九四%）・書き（八九%）ともに調和のとれた習得率であるが、小学二年生から「書く」力が弱くなるようだ。「書く」誤答率は二倍近く上昇する。それは、小学二年生から、配当漢字数が二倍になることも関係するだろうが、子どもたちの生活体験の減少もあるのではないだろうか。

わたしは二つの原因があると考えている。

一つは、子どもの遊びを中心とした生活体験が少なくなっていることである。たとえば、小学一年生では、「ひとつ」(七一%)と「いつつ」(八三%)という漢字が書けない。また、「三つ」「五つ」「八つ」「九つ」という漢字の読みもできない。

これらの数字の読み方は、かつての子どもたちが、お手玉、おはじき、あるいはかくれんぼなどの遊びをするなかで、楽しみながら覚えた読み方であった。

それに対して、国語や算数の教科書の読みは、たいていが「一《いち》」「五《ご》」である。遊びが少なくなった子どもたちは、教科書の読み方にだけ慣れているため、「ひとつ」(読み)と「一つ」(書き)が結び付かないのである。生活と学習が分離されている。頭と体が分離し始めているのだ。

もう一つは、教師の教え方に起因する。四五分の授業中に、漢字の書き取り練習をしないのである。実に四割の教師が、漢字の書き取りを宿題にしている。

宿題が悪いのではない。宿題にすると練習をしてくる子どもとしない子どもに分かれてしまうのだ。

今度は、家庭差によって差がでてきてしまう。親が子どもに関心を抱いて、「今日、宿題はなかったの」「宿題はもう済んだの」「お母さんが見てあげるから、宿題をしなさい」という家庭の子どもは、嫌々ながらも漢字の書き取りをしてくる。

しかし、授業中に書き取り練習を体験せずに、宿題を忘れる子どもにとっては、漢字を覚えるチャンスがないのである。

子どもは、教師と家庭の差によって漢字習得の差が出てくる。学力は、子どもを取り巻く環境、すなわち体験量によって規定されるのである。

「花」より「動物」

教員の研修会で、次のような問題を出す。「漢字一文字の動物を五分間で何個書けますか」「漢字一文字の花を何個書けますか」

作業が済んだ後、どちらの漢字が多く書けているかを問うと、面白い結果が出た。

ほとんどの人がなぜか、動物の方が多く書けているのである。

他人との比較ではなく、同じ人間なのに動物のほうが書けている。しかし、読ませると動物と花には「差」が生まれない。読めない漢字はどちらも読めないのである。

それはなぜだろうか。読者のみなさんも考えて欲しい。

三つの理由が考えられる。

一つは、生活体験量の差である。実はこれがいちばんの影響力を持っていると考えられる。

子どもは、花より動物と接触するチャンスが多い。動物園と植物園はどちらが多く訪れるだろうか。動物園のほうが多いのではないか。また、幼稚園、保育所、あるいは各家庭にある絵本は、花より動物と車の絵本が多いだろう。

まず、動物と花ではインフラが違う。動物に関するインフラのほうが豊かなのである。インフラの違いがやがて学力格差を生む。

子どもは絵本が好きである。教師や親に読んで欲しいとき、どちらの絵本を持ってくるだろうか。多くの子どもは、花より動物か車が載っている絵本を持ってくる。

生活体験量は、インフラと読む量によって規定される。花より動物の方が書けるのは当然なのかもしれない。

二つ目は、動くモノは記憶に残りやすいということである。

父の日や母の日に、似顔絵を描かせる幼稚園・保育所がある。幼児の作品を見るとなぜか、目と口は描くが、鼻と耳は忘れることが多い。目は閉じたり開いたりする。口は物を食べたり、人と話したりして動きがある。一方、鼻は動かない。耳は髪に隠れて見えにくい場合がある。

知的な教師は似顔絵を描かせるときに、子どもの手を自分の顔に触れさせる。そして「手は何に触れましたか」と尋ね、鼻の存在を確認させる。そうすると、子どもたちは鼻をしっかり描くようになる。教師は動かない物に対して、動きを作り出したのだ。

動物は、ちょこまか動くから目にとまりやすい。花でも「椿《つばき》」は書く人が多いのは、「椿」がポトリと落ち、花の落ち方に特徴があるからだろう。

動物を描く人が多い三つ目の理由は、動物と花では、指示に使う言葉が異なるからである。動物は具体的であるのに対して、花は抽象的である。

夕方の親子の散歩を想像してほしい。道路の脇に花や草を見つけたとき、「花がきれいに咲いているね」「雑草がいっぱいいね」「花は美しいね」で終わる。「桜」は別として「梅」「桃」「楓」「椿」のような具体的な名前は出てこない。

動物についてはどうだろうか。「動物がいる」という人はいない。「犬が」「猫が」「猿が」「羊が」「猪が」「牛が」「馬が」というように具体的な姿を挙げるはずである。

動物と花とでは、こうした三つの生活体験格差が見られる。

漢字を書く力の低下から、子どもの放課後の大切さと教師の授業力が浮かび上がってきた。読み書きの力は、机上ではなく体験を通して血となり肉となることを忘れないでほしい。

学力は、一言でいえば「読み書き算数」のできで決まる。しかも学力格差がいちばん大きいのは小学校に入学したときである。

それはなぜか。入学前までは、子どもの家庭差と地域差が如実《にょじつ》に表れるからである。家庭が持つ文化的な資本が影響力を持つ。確かに、入学前から幼児教室や通信教育を受けている子どもとそうでない子どもの「読み書き算数」の力は比較するまでもない。

日本の学校は、九年間で入学前の学力格差を是正しようとするが、単独では無理である。家庭と地域の力を借りなければならない。

質問下手な日本の子ども

次のようなテレビ番組を見たことがあるだろうか。子どもたちが、近所のおじさん、おばさんに「どうして勉強しなければならないの」「どうして友だちが必要なの」という質問をし、大人がそれに答える企画だ。

この番組は、なかなか好評だった。なぜなら、わたしたちは戦後六十数年間、子どもたちのこうした素朴で、かつ根源的な疑問に正面から答えてこなかったからである。「自然にわかるだろう」「誰かが教えてくれるだろう」というように楽観的に考えてきた。そのツケが今、まわってきている。

ユダヤ教には「モーゼの十戒」がある。イスラム教には「コーラン」がある。

人々の行動を規制する規範がはっきりしている。日本も戦後一五年ぐらいまでは、次のようなしつけがされていた。

「嘘をついてはいけない」「コツコツ働きなさい」「物を大切にしなさい」の三つである。社会全体は貧しかったが、家族には絆があり、地域社会も健全だった。みんなが助け合い、明日に向かって進もうという気概《きがい》があった。子どもは地域の宝との認識も持っていた。だから、子どもたちが悪さをしても、親のしつけが期待できないときは近所の人や親戚の人たちが叱ってあげた。そこには、相互扶助《ふじょ》の精神があった。

しかし、家族と地域社会の絆が薄れてきたこの二〇年間、私たちは子どもと正面から向き合うことを避けてきた。誰も責任をとらずに、他人任せになっているのである。

青少年期の発達課題は、自分の生き方を探すことにある。「何のために仕事をするのか」「何をすれば自己実現できるのか」「自分の生き方を支える哲学、宗教は何か」という素朴な疑問に対して、自分なりの回答を出すことである。

では実際の小中学生たちは、どのような疑問を抱いているのだろうか。

それを確かめるために、青少年野外教育財団が二〇〇四年の一〇月に小学四年生と六年生、中学二年生の八二四名を対象に、どんな疑問を持っているか調査したデータを見てみる。

あらかじめ用意した疑問は、次の一九項目である。

「なぜ勉強しなければならないの」
「なぜ生まれてきたの」
「なぜお手伝いをしなければならないの」
「なぜいじめてはいけないの」
「なぜ学校にいかなければならないの」
「なぜ結婚をしなければならないの」
「なぜ就職しなければならないの」
「なぜ人を殺してはいけないの」
「なぜ友だちを作らなければならないの」
「なぜ税金を納めなければならないの」
「なぜとなりの人に挨拶をしなければならないの」
「なぜ遅刻をしてはいけないの」
「なぜお年寄りに席をゆずらなければいけないの」
「なぜ万引きをしてはいけないの」
「なぜ漫画を読んではいけないの」
「なぜタバコを吸ってはいけないの」

「なぜ世の中には男と女がいるの」
「なぜテレビゲームをしてはいけないの」
「なぜ反抗してはいけないの」

また、調査の結果、三割以上の子どもが疑問に思ったことは、次の通りである。

一位……勉強すること（六一％）
二位……学校に行くこと（五一％）
三位……税金を納めること（四八％）
四位……生まれてきたこと（四二％）
五位……漫画を読むこと（四〇％）
六位……テレビゲームをすること（三六％）
七位……反抗すること（三四％）

さらに、この疑問のなかでいちばん強く思った疑問を挙げてもらった。
予想通り、「勉強する」がトップで、続いて「税金を納める」「生まれてきたこと」「テレビゲーム」「学校に行く」「漫画を読む」「反抗する」という順番になった。

「勉強すること」と「学校に行くこと」への疑問は、日常的に抱えるものである。子どもたちは、なぜ学校に行って勉強をしなければならないのかについて、強い疑問を抱いている。

しかし疑問はそれだけにとどまらない。「なぜこの世に生まれてきたのか」というような根源的な問いも発している。

一昔前までの子どもたちは、こうした問いは少なかっただろう。社会全体が貧しいときはこうした問いは生まれにくい。これは豊かな時代が生み出した証でもある。

「なぜ税金を納めなければならないのか」という社会問題に関心があることは興味深い。

確かに納税は国民の義務の一つではあるが、子どもたちがこのような疑問を抱いていることには、正直驚いた。

「テレビゲーム」「漫画」に疑問があることは予想できたが、数値の低さが気になる。子どもたちにとってテレビゲームと漫画は、空気のような存在になっているのかもしれない。

ドイツの子どもの質問は深い

「なぜ」「どうして」という疑問を抱くのは子どもの特権である。子どもたちは疑問を抱き、悩みながら成長してきた。

それが先に紹介したデータを見ると、どうも日本の子どもたちの質問力は衰えている気がする。一面に偏っているように思えてならないのである。

そこで、日本の子どもの特徴を浮かび上がらせるために、ほかの国と比較をしてみることにする。青少年野外教育財団は二〇〇六年に、日本とドイツ、およびタイの子どもたちがそれぞれどんな疑問を抱いているのかについて、比較調査をしている。これには、わたしも参加をしている。

ドイツの子どもが抱いている疑問の上位は、次の通りである。

一位……なぜ学校に行かなければならないの（六四・七％）
二位……将来何になるの（六四・七％）
三位……なぜタバコを吸ったり、麻薬をやったりするの（六二・六％）
四位……神はいるの（六一・二％）
五位……なぜ人間は死ぬの（五九・七％）
六位……なぜ戦争が起きるの（五五・四％）
七位……死んだらどうなるの（五四・七％）

タイの子どもが抱いた疑問の上位は、次の通りである。

一位……大きくなったら何になればいいの（九〇・九%）
二位……ママ、わたしが好きなの（八六・二%）
三位……パパ、ママは何歳なの（八一・四%）
四位……なぜわたしを叩くの（七〇・九%）
五位……なぜ生まれてきたの（六七・九%）
六位……なぜ死ななければならないの（六七・一%）
七位……なぜ勉強をしなければならないの（六六・五%）

日本では、「勉強のこと」が六一%、「学校のこと」が五一%で上位にきた。ドイツでは、「学校のこと」と「将来や職業のこと」がそれぞれ六五%で上位にきている。タイでは、「将来のこと」が九一%で、「ママ、わたしが好きなの」という愛情の確認がそれに続く。

日本、ドイツ、タイの数値を単純に比較することはできないが、全体的な傾向を見ると、日本の子どもたちの質問は、日常生活の事柄に偏っていて多様さがない。

「学校と勉強」以外で上位にきた質問は、「漫画」「テレビゲーム」「反抗」のみだった。

質問が、日常生活に関することに集中しているのである。

「なぜ就職しなければならないの」という将来に関わる数値は、わずか二三％にとどまっていた。豊かな社会の落とし穴なのか、働くことが自覚されていない現状が露呈《ろてい》した。

一方、ドイツとタイの子どもたちは、共通して「将来のこと」に対する質問が上位にきている。

また、「神」「生」「死」という宗教に関わる項目も上位にある。

さらに、ドイツでは「宇宙空間」「惑星生物」「病気」など、科学的な視点の質問が半数弱あった。

ドイツの子どもたちの質問は、自分の将来を見据《す》えて、生死に関わる根源的な問いかけをし、神秘的なものに科学の視点を持ち込もうとしている。

それと比較すると、日本の子どもたちが「学校と勉強」に関しての質問しかしないことが気になってくる。日本の子どもたちは、世の中を「学校社会」という小さな枠組みで捉えてしまっているのではないだろうか。

子どもたちの関心は、学校だけにとどまり、人間や生き物、宗教に向いていていない。これでは、視野が地域や世界、宇宙へと広がっていかないのも当然である。

今後、多様な疑問を抱く質問力を持った子どもの育成が待たれる。

第四章　思春期の学生と大人が持つ悩みごと

「中一の壁」はなぜ起こるか

二〇一二年、文部科学省が不登校のデータを発表した。それを見ると、全体的に不登校の児童・生徒数は少しだけ減少している。

しかし、全体の不登校者数が減っているにもかかわらず、中学生の不登校生徒数は依然《いぜん》として増えている。さらに、この不登校は中学一年生の二学期から急に増え始めるという。

夏休み明けは、体育祭や自然教室などがあって生徒たちは元気である。それが一〇月になって、学校全体が勉強モードに突入し始めると調子が悪くなる子どもが出てくる。お腹が痛くなり、微熱が出るなど症状はさまざまだが、これが不登校の兆《きざ》しである。

わたしの手元に、中学一年生を対象に、九月の終わり頃に実施したアンケートの結果がある（野尻著「中学一年生の生活意識」千葉大学長期研修生研究報告、二〇〇五年）。九〇〇名近い生徒を対象にしたデータになる。

ここでは、中学一年生に「小学校時代に学校は楽しかったですか」「今、中学校は楽しいですか」と尋ねている。

興味深い結果が出た。

小学校も中学校も楽しいという生徒は、ほぼ半数いた。小学校は楽しくなかったが、今は楽しいという人も二割。したがって、中学一年生で中学校が楽しいと答えた人は七割ということができる。

一方、今は楽しくないが小学校は楽しかったと回答した人は二割いた。そして悲しいことに、小中学校ともに楽しくなかったと答えた人が、一割もいたのである。

今の生活が楽しいという人は七割に達する。全体的に見ると、中学一年生はまあ学校に適応しているようだ。

見落としてはいけないのは、二割の生徒が「小学校のほうが楽しかった」と答え、小学校も、今も学校が楽しくないといっている人が一割もいることのほうだ。少なくともそう思う子どもが、クラスに三〜四人はいることになる。これは無視できない数値である。

それでは、小中学校の生活に馴染めない子どもは、どんな特徴を持っているのだろうか。

まず、彼らは夏休みに外で遊んでいない。大半の時間を家のなかで過ごし、テレビと漫画、あるいはテレビゲームを友だちにしている。

学校に馴染めないからといって、友だちと町を徘徊しているわけではない。友だちと徒党を組んで、茶髪で突っ張っているわけでもない。そうした「元気」はないのである。ただ、友だちがいなくて、人と関わろうともしていないのだ。

また、小学校のときも今も、勉強のつまずきを抱えている子どもが多い。彼らは、勉強がわからなくて学校がつまらなくなっている。勉強の「おちこぼし」にあっているのである。

確かに、小学三年生になると社会科と理科が加わって、教科科目は一気に増える。覚える教科が増えるのだ。それと同時に、国語・算数で教わる内容も増えてくる。急に「勉強モード」が強くなったように感じる子もいるだろう。

さらに、教師との関係はいうまでもないが、親との関係がうまくいかなくなっていることも、学校に馴染めない子どもの特徴である。大人との関わり合いで、いちばんの味方である親とも親和《しんわ》な関係を保てなくなっている。一割の生徒は、学校という社会だけでなく、友だちと家庭のなかでも自分の居場所を持てなくなっているのである。これは、深刻な問題だ。

居場所をなくしているのは、中学生だけではない。高校卒業後の三年後に、就職や進学をしない人が一五％近くいる。現実的には、フリーターやニート予備軍といわれている人たちを指す。ちなみに一五％という数値には、大学合格を目指す「浪人生」も加算されているが、高校を中退した人は含まれていない。

それにしても、高校卒業後にはっきりとした居場所を持たない人が、実に一五％もいるという事実には驚いた。四〇人クラスを考えると、一クラスに五〜六人もいることになる。

小学六年生を送り出した教師や中学三年生の教師は、クラスのなかで五〜六人がフリーターやニート予備軍になる事実を、想定しているのだろうか。多くの教師は、自分の持ち分はしっかりと責任を果たしているが、その後は想定外と思いがちである。

日本の教師は、高校三年生、中学三年生という到達点を設定して教育のあり方を考える「逆算の発想」が乏しいように思える。

合コンって何？大学生の草食系化

大学生の仲間行動がよく見えるのは、飲み会と合コンである。今、その合コンが下火《したび》になりつつある。ゼミの学生にも、「合コンは年に一度」と答える者が目立つようになった。しかも、参加人数は男女各二人ずつという小規模の集まりを好む傾向も見られた。

そこで、少々大げさな言い方だが、まずは合コンの歴史をたどってみることにする。多くの人にわかりやすいように、テレビ番組の移り変わりを引用する。

みなさんは、『プロポーズ大作戦』という番組を知っているだろうか。一九七三年から一九八五年まで続いた長寿番組である。

その企画の一つに、若い男女が参加する「フィーリングカップル5vs5」があった。司会の西川《にしかわ》きよしと亡くなった横山《よこやま》やすしが、参加している若い男女各五人の集団お見合いを盛り上げるトーク番組で、人気があった。それぞれが気に入った相手を探して、両想いになればカップル誕生というわけである。

ここで注目してほしいのは、三〇年ほど前までは、参加した五人のなかには必ず一人リーダー的存在がいたことである。

また、だいたい座る席の五番目に、笑いをとる人が配置されるのが定番になっていた。視聴者からは、この五番目が誰を好きになったか教えるよう催促があり、反応を迫られる。当然ながら、五番目に座る人は片想いになる確率が非常に高かった。

しかし当時は、収録後リーダー的存在の人が、番組で振られた人を慰《なぐさ》めたりして面倒を見ていたという。人情の世界がそこにはあった。

その「フィーリングカップル5vs5」が終わってから登場したのが、ご存じの方も多いのではないか、『ねるとん紅鯨団』である。この番組も視聴者参加型の企画だった。一九八七年から一九九四年まで続いた人気番組だ。「とんねるず」の石橋貴明《いしばしたかあき》と、木梨憲武《きなしのりたけ》が進行係を担当して企画を盛り上げた。

番組は、「フリータイム」と「告白タイム」に分かれていた。フリータイムでは、若者が各テーブルを自由に動き回って多くの異性と話し、気に入った相手を探すことができる。

注目を浴びるのは、もちろん告白タイムである。一人の女性に多くの男性が集中することもしばしばあった。プロポーズしてカップルが誕生すれば、二人は腕を組んで会場を去る。しかし、振られたときは一人で会場を去るという惨《みじ》めな仕打ちが待ち受けている。

「フィーリングカップル5vs5」は、リーダーが仲間を募って参加していた。そして、仲間の一人が失敗したときにみんなで慰めて心を癒す仕組みを持っていた。

それが、二〇年前の『ねるとん紅鯨団』からは参加は一人からになる。そこに仲間はいない。当然、振られても誰もフォローをしてくれない。ただ一人で寂しく走り去るだけである。救済ネットが用意されていないのである。

若者の仲間行動が、三〇年前と二〇年前とで、集団遊びから独り遊びに移行したと見られる。

さらに、ここ一〇年ほど前から、自分で相手を探せずに「婚活」サイトに依存する若者が増えているという。

若者だけではなく、全体でもいえることだが、たとえば結婚情報業界で最大級の会員数を持つ楽天オーネットの会員数の推移を見ると、二〇一一年に一万六三二八人だった会員は、翌年の二〇一二年に三万八三二六人と、一年で二倍以上に増加している。

自分から積極的に参加するのではなく、他人任せという「草食男」が誕生した。

いつまでも結婚しない若者たちを見かねてか、最近では仲人《なこうど》役として、会社が社員の結婚をサポートする動きが出てきているようだ。企業の福利厚生として、婚活支援が導入されている企業も今では珍しくない。

結婚できない男と女の裏側

結婚は人生の節目である。結婚すれば、人生観が変わる。働くモチベーションが高くなる人もいるだろう。しかし結婚をしないという選択肢もある。それこそ、人生いろいろである。

ところが今、結婚したいのにできない若者が増えているという。

特に、未婚の女性の増加が顕著である。昔は、二〇代のうちに結婚するのが一般的で、二五歳から二九歳の女性の未婚率は二〇％程度と少数派であった。

しかし、二〇一〇年に実施された国勢調査「人口等基本集計」の結果を見てみると、二五歳から二九歳の女性の五八・九％が未婚であり、未婚と既婚率の割合が逆転した。

それでは、結婚したいができない若者は、どんな特徴を持っているのか。

少し古くなるが、わたしたちが、二八歳から三五歳の大卒者六〇〇名を対象に「結婚観・家庭観」を調査した結果が手元にある（『共通一次世代』の結婚観・家庭観、千葉大学教育学部教育相談研究センター年報、第一三号、一九九六年）。

このデータから、同じ未婚でも、男性と女性とではその原因が異なるということがわかった。以下に示す①②を見てほしい。

①未婚の男性は、異性を知らない

まず未婚の男性は、全体の四割を超えている（四四％）。二〇代後半の男性を考えると、けっこう多い数である。結婚観においては、相手の年齢や収入、あるいは職業へのこだわりはあまり持っていない。

それでは、なぜ結婚に憧れを抱かないのだろうか。ヒントは彼らの異性観に見られた。未婚の男性は既婚の男性に比べて、以下の質問に対する数値が高かった。

「異性の友だちと一緒にいると気が疲れる」
「デートが面倒くさい」
「結婚するより一人でいた方が気楽だ」
「異性と何を話したらいいかわからない」

異性には関心を持つが、いざ目の前に現れるとどう振る舞ってよいか困惑してしまう。異性とのコミュニケーション能力が乏しいので、気苦労が重なって、ストレスが増すようだ。

彼らは決して、人とコミュニケーションをとるのが嫌いだというわけではない。現に私の大学の寮では、個室よりもルームシェアを希望する人が多い。

また、彼らに一〇年後の見通しと老後の見通しを尋ねてみた。一〇年後の見通しでは二五%の人が、老後の見通しでは三七%の人が「暗い」と見ている。

このままでは、少子化に歯止めがかからなくなる。しかし、未婚のままでいるのはなにも男性ばかりではない。

未婚の女性についてはどうだろうか。結婚適齢期と世間でいわれている二八歳から三五歳の大卒者六〇〇名の対象者のなかで、約二六%が未婚であった。全体の約四分の一になる。未婚の女性は、既婚の女性に比べると次のような特徴が浮かんできた。

②未婚の女性は「青い鳥」を探し求める

未婚の女性の結婚観では、「結婚は恋愛結婚が理想」だという人が多いが、結婚式のような派手なセレモニーはできたら避けたいと思ったり、結婚したら婚姻届をきちんと出すべきだとは思っていないなどと、結婚の形式に対して冷めた視線を送る人が多い。彼女たちは、生涯独身を通すことを寂しいとも思っていないという。

ちなみに、総務省の国勢調査によると、二〇一〇年の女性の生涯未婚率は一〇・六一％で、一〇人に一人は一生結婚できないという将来が事実として目の前にある。

今の女性は、形式的な結婚を避けたがっていて、二人だけの理想的な絆を求めている。もしそれがだめなら、一生涯独身を通す気持ちも強い。そういいながら、結婚をあきらめているわけではないし、異性を求める気持ちは意外にも強い。結婚に関するこだわりは強いのである。

しかし、恋人に会うチャンスがなく、デートをしようと思ってもなかなか時間がとれないというのが現実だ。

積極的に結婚紹介所に申し込んだことがあるか、あるいは今までに結婚を意識するような人がいたと答える人は多いが、結果として自分が探し求める異性にめぐり会えていないことがわかる。

未婚の男性は異性との関わり方に戸惑い、未婚の女性は理想の男性を求めすぎた「青い鳥」症候群に陥っている。さて、どうしたものか。

既婚者は○○を体験済みだった

未婚の男女の事情については把握した。それでは今度は、結婚している人としていない人とでは、どんな「差」が見られるのか確かめていく。

結婚しているか否かの差ができる決め手は、子どもの頃の遊び体験の「差」である。

子どもは、遊ぶことで成長をする。とりわけ外遊びは子どもの社会性を伸ばす。仲間との交流を通して、同性はもとより異性との付き合い方を身に付けるようになる。

先のデータを見ると、子ども時代の遊び体験から面白い結果が見られた。次の遊び体験をした人ほど結婚しているというのだ。あなたがどれかに当てはまっていることを祈る。


「満天の星を見た」

「泥だらけの遊びをした」

「親にいえない秘密を持った」

「兄弟げんかをした」

「異なる年齢の人たちと遊んだ」

「父の位置」と「家庭の行事」

家庭には、父の「座」と母の「座」がある。かつて戦地に出かけた父親の食卓には「陰膳」が置かれた。父親はいなくても「座」ははっきりしていて、父親のイメージはクリアであった。今の一般家庭で見られる光景とは大違いである。

この父の「座」のイメージが、なんと子どもが未婚か既婚かに影響するのだという。どのように影響するのだろうか。未婚男性を息子にもつ父親諸君は、以下の父親像に当てはまっているだろうか。以下は、未婚の男性と既婚の男性を決定づけるデータである。


「家電や家具購入の決定権は父にあった」

「食卓では父は中央に座った」

「風呂は父がいちばん最初に入った」

「テレビのチャンネル権は父親にあった」

「家族旅行の計画は父親が立てた」


既婚の男性は、これらの項目を肯定する人が多い。父親の「座」、すなわち父親の姿や背中が見えていた家庭で育つと、結婚へのイメージがクリアになるのである。

一つも当てはまらないと気落ちした父親諸君は、今後その座を主張していってほしい。

もう一つ、気になるデータがあるので紹介する。子ども時代の家庭内年中行事は既婚か未婚かに影響するのかを調べたものだ。

次の年中行事の有無が、結婚観を規定するという。

「家族揃って初詣に行く」
「家族で夏祭りに行く」
「家族の誕生日を祝う」
「年越しそばを食べる」

未婚の男女はともに、右記のような家族で揃って活動した体験項目を否定する人が多かった。一家団欒の食卓をはじめとしたアットホームな体験が少ないと、新たな家庭を築く意欲が湧《わ》かないようだ。

既婚・未婚を決定づける要因は複雑である。しかし、少なくとも子ども時代の友だちとの遊び体験と家庭での「父親の権威」、それから二昔前の『家族そろって歌合戦』ではないが、家族的な活動体験が決め手の一つになるのは確かである。

第五章　学校外の体験活動で何が変わるのか

「放課後子どもプラン」とは

今の子どもは「三間《さんま》」を失った。「三間」とは、「時間」「仲間」「空間」を指す。忙しい子どもが増え、遊び時間を友だちと共有できなくなっている。当然、遊び仲間は分断され、群れをつくっていた遊びは消えた。それと当時に、空き地が駐車場になり、裏山にマンションが建つなどして遊び場がどんどん少なくなった。子どもの放課後に欠かせない「三間」が次々と消失している。

そこで、文部科学省が施策を打ち出した。放課後の子どもたちに必要な「三間」を提供するために、放課後子ども教室が設置されたのである。

日本は、子どもの放課後に関する施策を二〇〇四年から始めている。これは、「地域子ども教室」と呼ばれている。放課後の世界が失われた子どもたちに対して、地域が子どもの放課後の世話を試みたものだ。

それが、二〇〇七年に名称を「放課後子どもプラン」と変え、厚生労働省と一体となって放課後活動を推進している。

以前の「地域子ども教室」では、「遊び」が中心だった。それに代わった「放課後子どもプラン」は、「遊び」だけではなく、学習や保育もプログラムに取り入れた。平たくいえば、遊んでも勉強してもよいし、さらには預かってもよいということである。

子どもたちは授業が終わると、午後三時から午後六時までを学校の校庭や体育館で思い思いのことをして過ごす。そこには、子どもの世話をするスタッフが二～三人いて、さらにはボランティアの大人も面倒をみてくれる。

しかし、学校側は「放課後子どもプラン」に本格的には参加しないスタンスをとる。学校側は、子どもたちに資料を配って放課後遊びのPRをするだけである。

はたして、その施策に成果はあったのだろうか。

小学生を対象に、「放課後子どもプラン」を体験した子どもとそうでない子どもにどんな「差」が見られるかについて調査をした。

サンプルは、東京都内の小学四年生から六年生までの計五三〇七名で、二〇一一年の一年間を調査したものだ。

興味深いデータを三つ紹介しよう。

なお、ここでは統計的に有意の差があるものを取り上げるものとする（「児童の放課後活動の国際比較――ドイツ・イギリス・フランス・韓国・日本の最新事情」金藤ふゆ子他著、福村出版、二〇一二年）。

自己肯定力と対人関係力を得る

「放課後子どもプラン」に参加した子どものなかで、「自分のことが好きだ」という問いに対して「とても当てはまる」と答えた人の数値は二一％であった。これに対し、参加しなかった子どものなかで、「とても当てはまる」と答えた人は一九％にとどまる（図表6参照）。

日本の子どもは、世界のなかでも極端に自尊感情が低いといわれている。自慢できることが少なく、自分を卑下《ひげ》する人が多いのだという。子どもたちは、なかなか自分を好きになれないでいる。

それが、放課後に外でよく遊ぶ子どもは、自分を好きになっているというのだ。学校外体験が、自分を肯定的に見る自尊感情を高めているのである。

それだけにとどまらない。データは割愛《かつあい》するが、「もっと深く学んでみたいことがあるか」という質問に対して、「放課後子どもプラン」に参加した子どもが「とても当てはまる」と答えた数値は四六％で、参加していない子どもの答えた四二％を、四ポイント上回った。やはり、外遊びをした子どものほうが、物事への意欲・関心が高まっている。

自分を肯定し、自尊感情が高まってくると、子どもたちは「やる気」を出す。無気力ではなく、物事に意欲的になる。放課後体験が、行動力のエネルギーとなっている。

図表6　自分のことが好きである

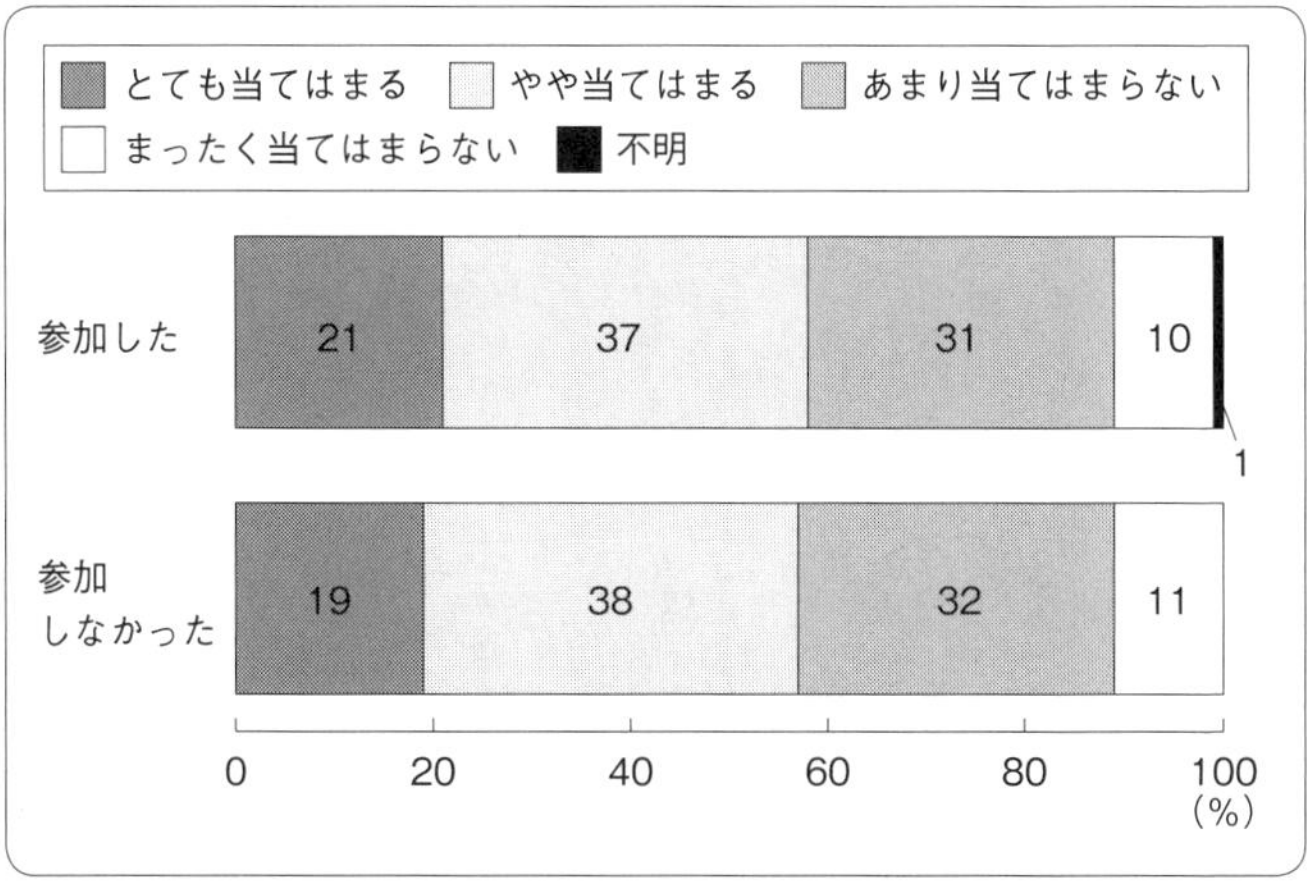

さらに面白いデータがある。

「放課後子どもプラン」への参加は、子どもの対人関係能力を高める効果があるという結果が出ているのだ。

今の子どもは、他人との交わりが少なく、独りぼっちが多い。だから、トラブルが起きたとき傍観《ぼうかん》者になりがちである。協力したり、妥《だ》協《きょう》したりする交渉力が欠けている。

「ケンカした子どもを、友だちと仲直りさせることができるか」の質問に対する答えの数値を見てみると、放課後子ども教室に参加した子どもは二五%の人が、参加しなかった子どもは二一%の人が「とても当てはまる」と回答した(図表7参照)。

また、データは省略するが、「近所の人にあいさつができるか」の質問に対しても、放課後

図表7　ケンカした友だちを仲直りさせることができる

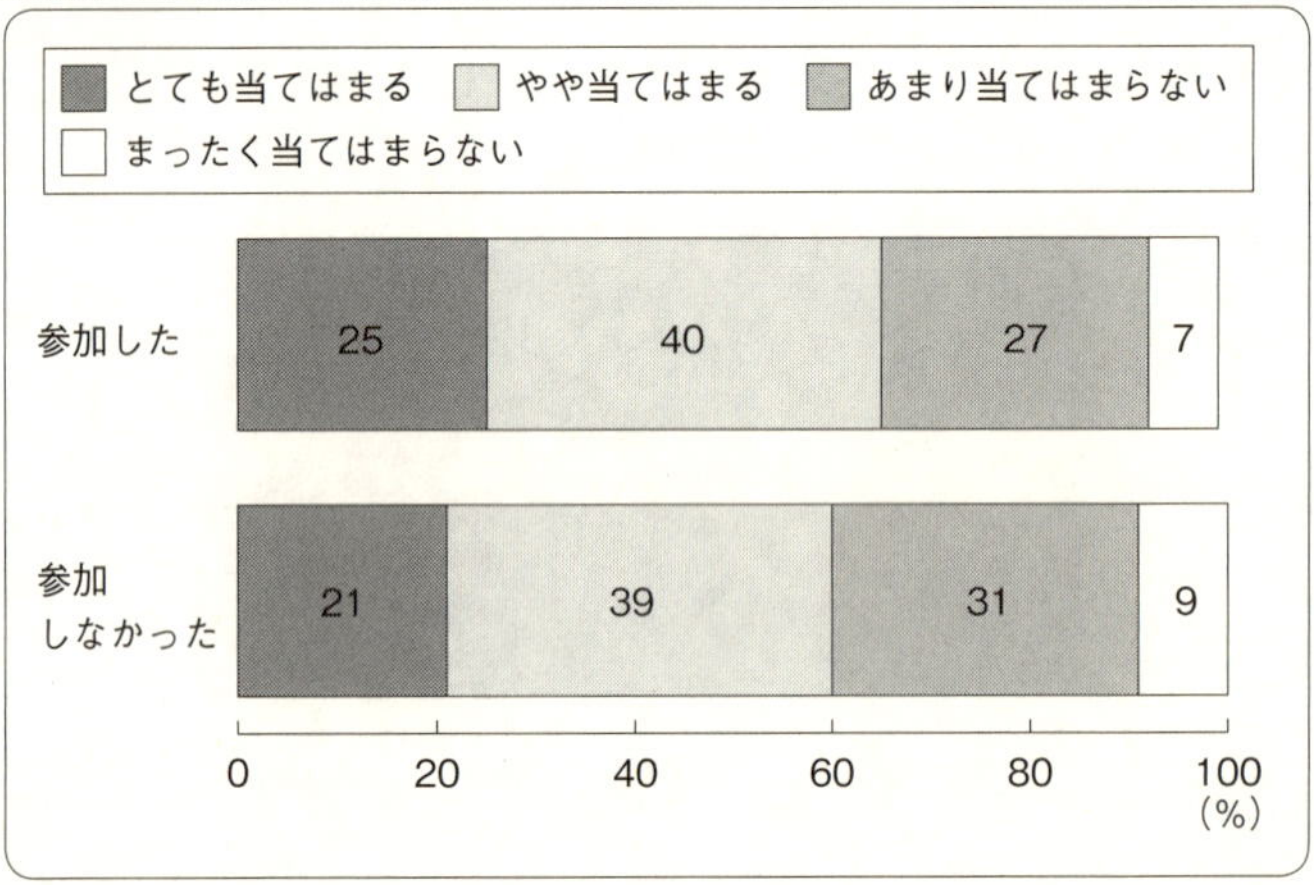

子ども教室に参加した子どもは六五％が、参加しなかった子どもは五七％が「とても当てはまる」と答えている。

　そのうえ、「初めて会った人でもすぐに話ができるか」という質問に対し、放課後子ども教室に参加した子どもは三七％、しなかった子どもは三〇％が「とても当てはまる」と答えた。

　ケンカの仲直りや近所の人への挨拶、あるいは赤の他人との接触を含む対人関係能力は、放課後子ども教室に通った子どものほうが、身に付いていることがわかったのである。

　子どもの空間は、どんどん「身内」の幅が狭くなり、「世間」と「赤の他人」の領域が広がっている。これが、内向きの子どもと若者を生む。ところが、外で遊んで友だちと活発に交流をしている子どもは、遊んでいるうちに難しいケンカの仲裁でさえもできるようになる。「いじめ」の解決にも効果をもたらす。それに加えて、人見知りが減り、近所のおじさんやおばさんという「第三の大人」とも話せるようになる。対人関係能力が、自然に身に付く。

ゆくゆくは、就職の面接合格や、会社の同僚・上司と円滑なコミュニケーションをとることに繋がっていくのである。

みなさんの周りに、面白いスピーチをし、わかりやすいプレゼンをする人がいたら、子どもの頃の話を聞いてみてほしい。きっと、学校外で遊んでいる人が多いはずだ。

日本文化を通して教養が身に付く

今、家庭における年中行事や地域のお祭りといった伝統的な年中行事が少なくなっている。日本の伝統的な行事を知らない子どもたちが多く、伝統的作法を身に付けないで大人になる人が増えているのである。

図表8は、日本の伝統的行事のひとつ、お墓参りに対する意見を尋ねたものである。「年に何度かは、親戚のお墓参りに行くべきだと思うか」という質問に対して、放課後教室に参加した子どものなかで、「とても当てはまる」と答えた人は六六％に達した。一方で、参加しなかった人は、五七％しかそう答えなかった。

図表8　年に何度か、親戚のお墓参りに行くべきだと思う

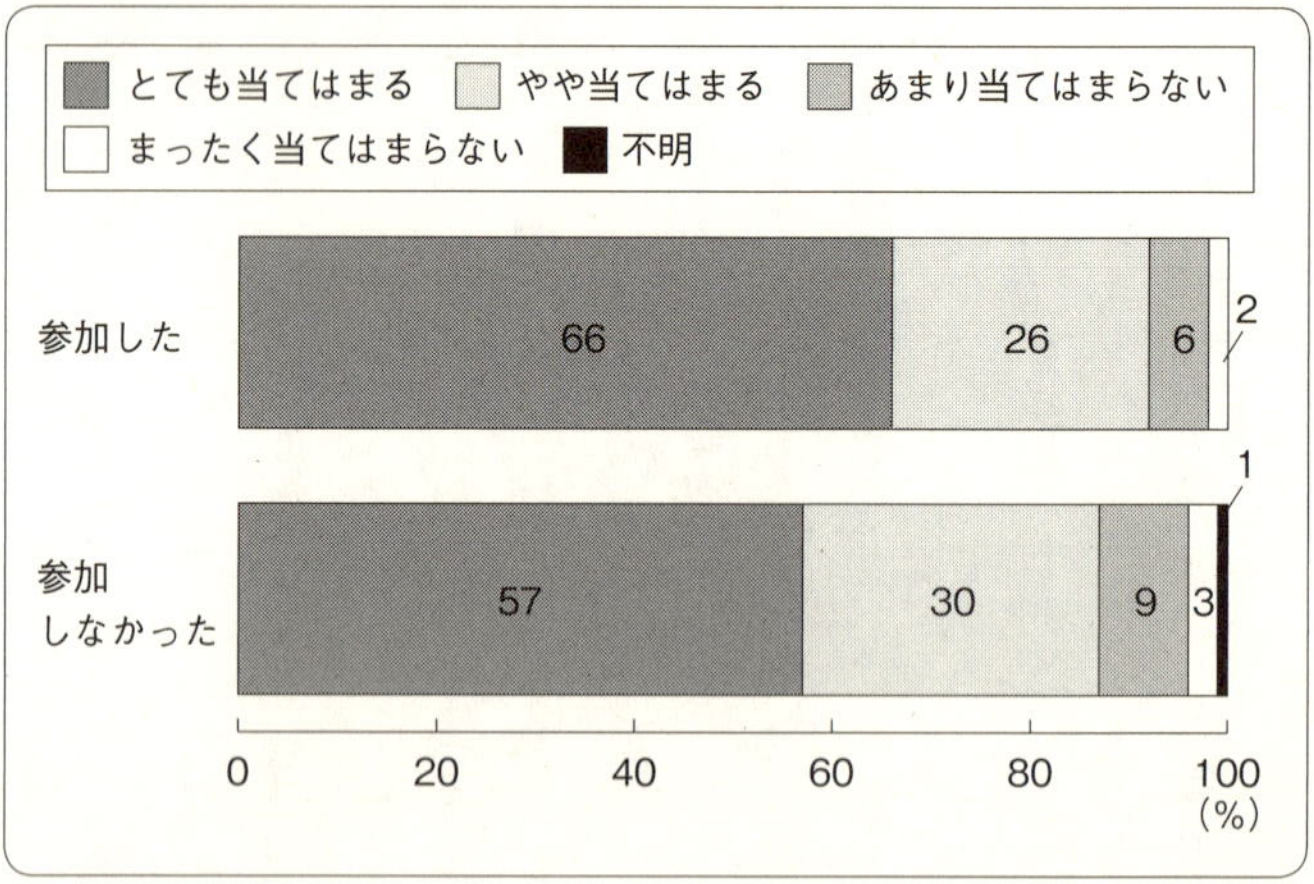

また、データは省略するが「自分の国の昔話を話すことができるか」という質問に対して「とても当てはまる」と答えたのは、放課後子ども教室に参加した子どもの二四％で、参加しなかった子どもは二〇％だった。やはり、ここでも「差」が見られる。

親戚などのお墓参りや、自分の国の昔話という伝統的な作法や教養は、「放課後子どもプラン」に参加した人ほど身に付いているといえる。

最近、いとこを含めた親戚関係が薄くなっているとよく聞く。春や秋のお彼岸に墓参りする人も徐々に減りつつあり、地域に伝わる恐ろしい昔ばなしや、とんちのきいた面白い話を聞く機会がなくなってきた。

このまま、日本の文化は途絶えてしまうのだ

ろうか――。

先に述べたが、放課後に外遊びをする子どもたちは、こうした伝統的で文化的な行事や作法に関心を寄せる傾向にある。彼らは日本の伝統に触れることで、より豊かな人間に育つ。「放課後子どもプラン」は地道な活動ではあるが、続けることで、子どもたちの生活は確実に豊かなものへと変化する。自分を肯定する気持ちが芽生え、人との関わりや日本のよさを発見できるようになる。

子どもをお持ちの方がいたら、ぜひ参加をおすすめする。

お稽古事が自分らしさを育てる

今や子どもたちにとって、お稽古事は空気のような存在になっている。特別な活動ではない。昭和五〇年代のはじめに乱塾時代という言葉が生まれてから、もう三八年が経つ。いわゆる団塊世代のジュニアたちにとって、小学生の頃からピアノやスイミング、あるいは塾通いをすることは、日課になっている。

それでは、お稽古事は、子どもたちにどのような効果をもたらすのだろうか。

わたしの手元に、大学生約五〇〇人を対象に、子どもの頃のお稽古事を調査した結果がある（「お稽古事のススメ」武田翔、千葉大学卒論、二〇〇六年）。

これによると、性別に関係なく、実に九八%の人が何らかのお稽古事を経験している。始めた時期でいちばん多いのが、小学校に入学する前で五五%。次が、小学校低学年からで三六%。半数を超える人が、就学前からお稽古事を始めていることがわかる。

お稽古事の数を調べると「三～四つ」がトップで四一%と全体の四割を占める。続く「五～六つ」(二一%)と「七つ以上」(一四%)のデータ数値を合わせると三五%にもなる。三個以上の掛け持ち組は、全体の八割近くを占める。

彼らは、どんなお稽古事をしているのだろうか。

上位三つは、「スイミング」(六四%)、「塾」(六三%)、「ピアノ」(五九%)。それに「習字」(四九%)と「英会話」(二八%)が続く。スポーツや音楽に勉強と、分野は多岐にわたる。

また、いちばん長く続いたお稽古事を尋ねると、一位が「ピアノ」で三割を超えた。次が「スイミング」で一五%。「塾」は九%と一割を切る。

ここで気になるのが、お稽古事の長さであるが、意外にも「七年以上」続けた人がいちばん多く、驚くことに五割弱もいた。「四～六年」という人も三割弱いる。

今の大学生は、幼少の頃に多くのお稽古事をし、そのなかから一つ自分に合うものを選び出して、それを長く続けたようだ。

このお稽古事に、教育的効果はあるのだろうか。アンケートを取った大学生たちは、次の効果があったと答えている。

「心を豊かにした」（七五％）
「視野が広がった」（六五％）
「精神的に逞《たくま》しくなった」（五八％）
「マナーを学んだ」（五五％）
「自信がついた」（五三％）

お稽古事をしたことで、「将来がはっきりした」「学校の成績が上がった」とはっきり述べることはできないが、体験した大学生のほとんどが、お稽古事を通して人間的に成長したと実感している。

だからだろうか。八六％の人がお稽古事は必要だと認めている。そして将来は、自分の子どもにもお稽古事を薦めると回答しているのである。

お稽古事は今後も、学校外教育の文化として定着していくだろう。

漫画好きな人は成績がいい

日本が漫画王国と呼ばれるようになって久しい。確かに、子どもにとって漫画はなくてはならないものになっている。寝る前に漫画を読む中学生が大半である、という報告書まである。

漫画好きは、子どもだけにとどまらない。電車のなかで漫画を読む成人を見かけることは、今や珍しい風景ではない。日本人にとって、漫画は空気のような存在になっている。

それでは、漫画好きの子どもは、どんな特徴を持っているのだろうか

子どもが漫画と接触するのは、意外と早い。四割弱の人が、幼稚園以前から接触している。もっといえば、小学一年生までに六割の子どもが接触している。

彼らはどのくらい漫画を読んでいるのであろうか。

小学四年生と六年生、中学二年生の計一二五六名の調査によると、以下の時間帯に読まれている（『子どもと漫画』——漫画読解力の発達、一九九二年、現代児童文化研究会）。

・朝起きてから家を出るまでの間
・学校にいる間

・学校を出てから夕食までの間
・夕食を食べている間
・夕食から寝るまでの間

その結果をタイプ別に見ると、次のようになる。

①漫画熱中派……一九％
②漫画中間派……七二％
③漫画無関心派……九％

漫画熱中派が、全体の二割も占める。中間派も大半を占めている。そして漫画無関心派は、一割にとどまった。子どもたちは、漫画をよく読んでいるということである。漫画は、彼らの生活のなかで欠かせないものとなっている。

ここで面白いアンケートを取ってみた。漫画好きの子どもが、そうでない子どもよりも、学業で秀でている科目があるのかを確認するものである。

「漢字の読み」「算数の計算・文章問題」「作文」「図工で絵を描くこと」「漫画を描くこと」

のなかで、「超得意」と答えた数値に注目してみた。結果は以下の通りだ。

①図工で絵を描くこと
一位　熱中派　二位　無関心派　三位　中間派
②漫画を描くこと
一位　熱中派　二位　中間派　三位　無関心派
③漢字の読み
一位　熱中派　二位　無関心派　三位　中間派
④作文
一位　無関心派　二位　熱中派　三位　中間派
⑤算数の計算問題
一位　無関心派　二位　熱中派　三位　中間派
⑥算数の文章問題
一位　無関心派　二位　熱中派　三位　中間派

漫画熱中派が一位を占めるのは、「図画工作」「漫画描き」「漢字の読み」であった。さらに、「作文」「算数の計算問題」「算数の文章問題」は漫画無関心派に一位を譲ってはいるが、中間派を押さえて二番手にくる。漫画熱中派は、学業成績で健闘しているといえる。

また、彼らに「放課後何をしているか」と別の質問を投げかけると、漫画熱中派の子どもは他に比べて、よくテレビを見てテレビゲームをし、外遊びもしていることがわかった。半数を超える子どもが外遊びをしたと答えている。

さらに、外遊びをする子どもは、子どもらしさの一つである「願望」をどれくらい持っているのかについて聞くと、熱中派は強い願望を持っていることがわかった。

「もっと勉強ができるようになりたい」……七六％（無関心派　六九％）
「もっと運動ができるようになりたい」……七四％（無関心派　五七％）
「もっと背がほしい」……五〇％（無関心派　四二％）
「宇宙に行きたい」……三九％（無関心派　二五％）

これらの結果から、漫画熱中派は、無関心派に比べて願望が強いことは一目瞭然だ。ほかにも「幽霊を見たい」「空を飛びたい」「もっとやせたい」という願望が見られた。漫画熱中派は、想像力豊かで意欲的な願望の持ち主である。

図表9　ひと月に読む平均冊数×漫画を読む量（単位%）

本＼漫画	0冊	1～3冊	4～6冊	7冊以上
0冊	7.4	3.6	1.1	2.7
1～4冊	59.3	62.7	58.9	44.0
5～8冊	18.2	22.5	20.0	20.7
9～12冊	8.7	6.2	14.4	12.7
13冊以上	6.5	5.1	5.6	20.0

漫画をよく読む子どもに対して、世間の評価は「漫画ばかり読んで何もしない」という真逆のイメージを抱いている。しかし実際は、漫画漬けになどなっていない子どもが大半だ。

むしろ、漫画以外のことに対しても関心を抱き、強い願望を持って前向きに行動する子どもたちが多いのである。

その一つの証拠として、漫画を読む子どもは、よく学校の図書館に通っているというデータがある。

小学校高学年を対象にしたアンケートを見ると、学校の図書館に通う人は、全体の七四%と四人に三人いる。みな、よく学校の図書館に通っているようだ。そのなかでも「よく利用する」と答えた人は二五%と、四人に一人に減る。

子どもの漫画好きと学校の図書館利用率の関係

を調べてみると、次のことがわかった。

漫画を一ヵ月に七冊以上読む人で、図書館を「よく利用する」と答えた人の数値は三一・八％で、一冊も読まない人は二四・四％だったのである。意外にも、漫画好きの人がよく学校図書館を利用しているのである。

それはなぜだろうか。

漫画好きは、言いかえれば読書好きである。

漫画を一ヵ月に七冊以上読む人で、一ヵ月の読書量が一三冊以上の人は二〇％いる。読む漫画の冊数が〇〜六冊の人で、一ヵ月の読書量が一三冊以上の人は、いずれも数パーセントしかないのを見ると、ダントツである。

漫画好きは読書嫌いではないどころか、漫画を読まない人よりも多くの本を読んでいることがわかった（図表9参照）。

これは、世間の親や教師たちのイメージを覆《くつがえ》す結果だ。漫画を読む子どもは、学校の図書館に足を運んでそこで本を読み、本を借りてもいる。漫画読みと読書好きは、相互に結びついているといえる。

国語と社会科の学力を伸ばす漫画

漫画を多く読む子どもは、どんな本を読んでいるのだろうか。

興味深いことに、小説や伝記などの書物によく目を通している。それらの本を多く読んでいる子どもは、まったく読んでいない子どもと比較すれば、国語や社会科の教科に強くなることは想像に難くない。

それでは、漫画を多く読むことと学校の成績には、どんな関連性があるのだろうか。

図表10は、漫画読解力と学業成績の結び付きを調べたものである。ここでは、因子得点が高ければ、漫画を多く読む人ほど成績がよいということを示し、逆に因子得点が低ければ、漫画を読まない人ほど成績がよいことを示している。

ここから、面白い結果が三つ読み取れる。次の①〜③を見てほしい。

①漫画読解力の高い人は、国語の学業成績がよい。

表で国語の評価を見ると、小学四年生、六年生、中学二年生ともに因子得点が高いことがわかる。漫画読解力の高い人は、中学生になっても国語の成績を維持できるのだ。

図表10　因子得点と学業との相関

	小学4年	小学6年	中学2年　偏差値				
	国語評価	国語評価	国語	社会	数学	理科	英語
第1因子：漫画読解力	0.578	0.634	0.471	0.294	0.035	−0.202	0.140
第2因子：文脈理解力	0.239	0.112	0.091	0.316	0.217	0.210	0.178
第3因子：子ども漫画評定	0.378	−0.235	−0.160	−0.069	−0.202	−0.344	−0.290
第4因子：漫画読み頻度	0.331	0.089	0.164	−0.081	0.045	0.279	−0.165
第5因子：書籍読み頻度	0.034	0.010	0.127	0.205	0.189	0.217	0.068
第6因子：大人漫画評定	0.167	−0.014	−0.101	−0.088	0.075	0.075	0.022
第7因子：表情理解	0.123	−0.013	−0.065	−0.159	−0.096	−0.091	0.072

ちなみに、漫画読解力とは、次のような漫画特有の表現技法を理解することである。

・熱中や興奮したときなどに、目に星を入れる。
・急いでいるとき、足に渦巻きを入れる。
・緊張したときに、汗がぽたぽたたれる。
・嬉しい気持ちの顔、驚いた気持ちの顔、怒った気持ちの顔の絵の違い。
・吹き出しの技法で、丸の形や、ギザギザ形、あるいは丸のなかに傍線だけを引いたものの違い。
・静かさを示す「シーン」や、うれしさを示す「ホクホク」、走る音を示す「タッタッタッ」などの擬態語、または恋心を示すハートマークなどの符号。

少年漫画や少女漫画は、これらの技法を多く取り入れている。中高年の人が少年・少女漫画に抵抗があるのは、この表現技法に慣れていないからである。中高年は漫画表現のルールや約束事を知らない。

②中学生の場合、漫画の面白さを理解しない人ほど、理科の成績がよい。

表で中学二年生の理科の偏差値を見ると、因子得点がマイナス〇・三四四となっている。中学二年生で理科の成績がよい人は、漫画に幼稚さを感じている人が多い。

③中学生の場合、漫画の文脈理解力が高い人は、社会科の成績がよい。

表で中学二年生の社会の偏差値を見ると、因子得点がプラス〇・三一六と高いことがわかる。

漫画の文脈理解力は、たとえば、順番がばらばらになった四コマ漫画を示して、正しい順に置き換えてもらうテストを行って測ることができる。あるいは、四コマ漫画の起承転結の

「承」を空欄にして、当てはまる漫画を入れてもらうテストをしたりもする。

この結果は、小学生には反映されなかった。

なぜならば、ストーリー漫画だけではなく、四コマ漫画にも起承転結がある。こうした文脈を理解するのは、中学生にならないと無理だからだ。

社会科で学ぶことは、出来事の因果関係と複雑な人間関係である。だから、中学二年生くらいにならないと漫画の文脈理解力と社会科の成績が結び付かないのだろう。

放課後に、子どもたちは漫画をよく読む。けっして、その体験をやめるように促してはならない。なぜならばその体験は、子どもを意欲的にしているからだ。漫画を多く読んでいる子どもは、大きな夢を描き、行動的になっている。その体験によって、言語の読解力が深まり、国語と社会科の学力も高めていることがわかった。

青少年団体活動は何をもたらすか

この話を進めるには、まず青少年団体とは何か、という問いに答えるべきだろう。

青少年団体はいったいどんな団体なのか、多くの人にあまり知られていないからだ。

青少年団体のなかで、いちばん大きな団体は子ども会である。読者のなかには、育成会の役員をされた方もいるかもしれない。ほかにも、街頭募金などの活動をしているボーイスカウトやガールスカウト、宇宙少年団、海洋少年団などがある。

彼らは社会教育的な活動をしている。そして、指導者たちが中央青少年団体連絡協議会（社団法人）を作っている。

この団体には、少年野球や少年サッカー、あるいは少年バレーといったスポーツ団体は含まれていない。

活動のペースは、週に一回や月に一～二回程度の団体が多い。

活動は、キャンプや冒険遊び、工作などのものづくり、スポーツ、および星の観察や登山など多様である。

青少年団体の活動に参加している子どもは、何か特徴があるのだろうか。わたしの手元に、活動に参加している子どもと参加していない子どもを比較した調査がある。

小学三年生、五年生、中学二年生の計二二六一名を対象にした子どもの調査結果だ。そのなかで、青少年団体に所属している人は五二％いた（『学校週5日制の完全実施に伴う地域児童の実態調査』、中央青少年団体連絡協議会、二〇〇六年）。

このデータから、青少年団体に所属している子どもの特徴が三つ見られたので、次に述べる①～③に注目してほしい。

①放課後に様々な活動をしている

団体活動に参加している子どもは、参加していない子どもに比べて、放課後は「家で過ごす」「お稽古事や塾に通う」「地域活動に参加する」ことが多いという。

そして家では、「テレビを見る」「勉強する」「家の手伝いをする」ことが多い。勉強時間は、団体所属の子どものほうが長いことがわかっている（五七・五％＞四五・四％）。

団体の活動は、土曜日と日曜日に集中する。

彼らの平日は、お稽古事やテレビ、あるいは勉強に時間の大半が注がれている。興味深いのは、団体所属の子どもは、平日でもテレビはよく見ているが、テレビゲームはしていないことである（四一・一％＜五一・〇％）。そして、「何もしなかった」というぼんやりとした時間を過ごす人も少ない（五・一％＜七・五％）。

団体所属の子どもたちのほうが、余暇時間の使い方がうまいといえそうだ。

②得意な科目は、社会科・理科・図画工作

図表11　得意な科目は何ですか（複数回答）×団体所属有無

	区分	団体所属	無所属	
1	体育	57.6	58.8	
2	図工（美術）	50.3	44.4	＊＊＊
3	算数（数学）	46.8	46.1	
4	音楽	44.0	40.4	＊
5	理科	43.4	38.5	＊＊
6	国語	33.0	28.6	＊＊
7	社会	31.6	27.0	＊＊
8	英語	26.0	29.6	＊
9	家庭科	29.2	24.3	＊＊＊

団体所属の子どもは、放課後様々な活動をしている。そのうえ、余暇時間の使い方も上手い、ということが①でわかっている。それでは、勉強の成績はどうであろうか。

団体に参加している人といない人とでは、得意な科目に「差」が見られるのか確認する。まず体育と算数では、「差」が見られなかった。ところが、図画工作、家庭科、理科、社会科、音楽、および国語では、団体所属の子どものほうが「得意だ」と答えている（図表11参照）。図中の＊は統計的な有意の差を示す。その数が多いほど「差」が大きいといえる。

団体の活動は、自然体験や社会体験活動を取り入れているからだろうか。これらの活動と結びつく教科が得意になっているようだ。

算数と体育では「差」が見られなかったが、

図表12　あなたはボランティア活動をしたことがありますか（複数回答）×団体所属有無

	区分	団体所属	無所属	
1	いつもする	10.0	3.1	＊＊＊
2	時々する	54.3	30.5	＊＊＊
3	いわれればする	20.9	21.1	
4	したことがない	12.8	39.6	＊＊＊

家庭科と図画工作では、著《いちじる》しい「差」が見られた。これらは想定内の結果である。

しかし、無視できないのが「国語」の成績である。団体所属の子どものほうが「得意だ」と答えている。体験して観察力と表現力が身に付くのか、言語の力にも自信を深めている。

③ボランティア活動をするようになる

青少年団体活動のねらいは、子どもが社会性を身に付けることである。その代表的なものとしてボランティア活動への参加が挙げられる。

団体所属の人で、ボランティア活動を「いつもする」と答えた人は一〇％、「時々する」は五四・三％、「したことがない」は一三％足らずだった。一方、無所属の人でボランティア活動を「いつもする」と答えた人は、わずか三・一%にとどまり、「したことがない」と答える人はほぼ四〇%である（図表12参照）。

データは省略するが、団体活動に参加している人は、社会活動に熱心なせいか、大人との関係もうまくいっている。知らない人ともすぐに仲よくなり、クラスの先生とも良好な関係が築けている。

団体活動に参加している子どもたちは、放課後の生活で生き生きとしている。家でテレビを見つつも勉強をし、家の手伝いもこなす。学校でも得意な教科が多い。ボランティア活動のような社会活動に日頃から参加し、社会性を身に付けている。そして社会的な関心も高く、環境問題や外国との交流にも意欲的であることがわかった。

八〇〇〇人を対象にした全国調査

子どもたちの年中行事への参加が少なくなっていることは先にも述べた。幼児期は、幼稚園や保育所などで季節にあった行事が行われるため、みんなの体験差はないものの、小学三、四年生の中学年から、行事の数自体もそれに参加する人も急に減って、体験差が出る。様々な年中行事へ参加することは、子どもたちにどんな効果をもたらすのだろうか。

わたしも参加した調査で、子どもが一年間で体験する放課後の行事に注目したデータがある（『放課後の生活時間調査報告書』ベネッセ教育研究開発センター、二〇〇九年）。

ここで、参加の有無を質問した放課後の一一行事は、次の通りである。

①動物園や水族館に行く
②映画館に映画を観に行く
③美術館や博物館に行く
④コンサートやライブに行く
⑤スポーツを観に行く
⑥キャンプに行く
⑦家族で旅行に行く
⑧ボランティア活動に参加する
⑨家で季節の行事をする
⑩お墓参りをする
⑪地域の行事に参加する

全体的に見ると、数値がいちばん高いのは⑨「家で季節の行事をする」で、小学生で七二・五%、高校生でも五三・七%の人が、一年間に三日以上行っていた。

次に「②映画館に映画を観に行く」が四〇%台を維持する。以下、「⑪地域の行事に参加する」「⑩お墓参りをする」「⑦家族で旅行に行く」と続く。

「⑤スポーツを観に行く」に、「ほとんどしない」と答えた人は半数を超えた。さらに少ないのが「④コンサートやライブに行く」「⑥キャンプに行く」という項目である。

「⑥キャンプに行く」に「ほとんどしない」と答えた人は、小学生で六六・七%、中学生で八一・三%、高校生で八八・九%とほぼ九割に達した。

それでは、この一年間の行事数と学業成績はどう関わっているか。

塾やお稽古事以外の学校外の体験が、成績とどう結びつくかについて調べたのが、図表13である。

先に挙げた年間行事①~⑪のなかで、〇~四項目しか体験していない人を「少ない」に、五~七項目を体験している人を「ふつう」に、八~一一項目体験している人を「多い」に分類している。

学業成績も、「上位」「中位」「下位」に三分類する。ちなみに高校生のデータは、中学校卒業時の成績を使っている。

図表13　クラス内成績と1年間行事数（学校段階別・1年間行事数別）

		上位（%）	中位（%）	下位（%）
小学生（2,461）	多い	57.1	33.9	8.9
	ふつう	48.7	40.2	11.1
	少ない	40.3	40.6	19.1
中学1・2年生（2,287）	多い	49.5	33.2	17.3
	ふつう	45.1	30.0	24.9
	少ない	35.3	31.8	32.9
高校生（1,760）	多い	50.4	34.0	15.6
	ふつう	53.7	26.2	20.1
	少ない	45.3	27.6	27.1

注1）1年間行事数の3分類は、1年間にどんな行事を何日くらいするかをたずねた設問で、計11項目を経験の有無で分けて経験数の総和を求め、その数により分類した
注2）小学生および中学1・2年生は、「あなたの今の成績は、クラスのなかでだいたいどのくらいですか」という設問を、高校生は、「あなたの中学卒業時の成績は、クラスのなかでだいたいどのくらいでしたか」という設問を用い、「上のほう」「やや上のほう」と回答した子どもを「上位」、「真ん中くらい」を「中位」、「やや下のほう」「下のほう」を「下位」とした。無回答・不明は省略した
注3）（　）内はサンプル数

結果を見ると、小学生は、成績が上位の人ほど、一年間に参加している行事数が多いことがわかった。中学一、二年生でも同じ傾向が見られる。

小中学生は、一年間に体験した行事数と学校の成績が結び付いた。

一方、高校生を見てみると、成績上位の人は、小中学生ほどはっきりした「差」が見られない。行事への参加と学校の成績に関連性がないのである。しかし、成績が「下位」の人には「差」が見られる。成績が下位の人は、年中行事に参加していない。一年間の行事数と高校の成績は、成績が「下位」の人だけに関連性が認められた。

小中学生にとって、年中行事はまさに学

校外の体験そのものである。よって、年中行事の体験量が直接に学業成績に結び付く。体験が、子どもの物事への意欲関心を高め、自己肯定感も高め、観察力、表現力、分析力を身に付けさせたので成績が上がったと考えられる。

ところが、この筋道がいえるのはどうやら中学二年生頃までである。高校生の成績上位の人には通用しない。高校生になってしまえば、いくら年中行事の体験を増やしたからといって、教科の学習には直接結び付くことがない。

ただし、高校生のなかでも成績が「下位」の人には、体験の累積効果が表れた。高校生で成績上位の人にとっては、すでに体験が飽和状態なのかもしれない。一方、成績が「下位」の人は、これまでの体験が欠乏状態なので効き目があると考えられる。

リフレッシュ・キャンプの効果

三月一一日の東日本大震災から二年。子どもたちは元気な生活を送っているのだろうか。

国立青少年教育振興機構は、大被害を受けた福島の子どもたちに対し、二〇一一年の夏休みに、那須甲子《なすかし》少年自然の家と磐梯《ばんだい》青少年交流の家でリフレッシュ・キャンプを実施した。

キャンプに参加した子どもたちのなかで、二二五八名の人がアンケート調査に協力してくれた。子どもたちは、キャンプに参加した後、意識や行動が変わったのだろうか。

まずは、キャンプの参加動機を聞いてみた。

子どもたちの参加動機は多様である。そのなかでも、六割を超す子どもたちは、次の理由から参加していることがわかった。

一位……キャンプの活動内容が面白そう（七五・六％）
二位……外で体を動かしたかった（六六・五％）
三位……夏休みなのでどこかに行きたかった（六五・六％）
四位……プールで泳ぎたかった（六一・〇％）

友だちに誘われたり、親や先生に勧められて参加したという消極的な動機ではなく、安全な場所で体を動かしたいという積極的な意図を持って参加している。

彼らは、参加する前にどんな生活行動をしていたのだろうか。小学生の子どもたちに、夏休み前の一週間のうち、学校の休み時間はどのように過ごしていたのかを答えてもらった。

四割を超す子どもがしていた行動は、次の三つである。


一位……友だちとのおしゃべり（七七・二％）

二位……トランプ、オセロ、および将棋など（四七・二％）
三位……読書（四一・〇％）

友だちとのおしゃべりがダントツであった。それに、屋内遊びや読書という教室内に限定された行動が続く。「鉄棒や滑り台で遊んだ」（一〇・四％）、「縄跳びをした」（一一・六％）などの屋外遊びは一割にとどまった。

次に、放課後の生活を見ていく。下校してからの行動を聞いてみたところ、六割以上の子どもがした行動は次の通りである。

一位……テレビを見た（七四・九％）
二位……勉強した（七四・五％）
三位……ゲームをした（六一・四％）

それに「お手伝いをした」（四五・八％）、「マンガを読んだ」（四三・〇％）が続く。これらは、共に屋内での活動である。

一方で、「学校や公園に行って遊んだ」（二五・七％）や「友だちとボール遊びをした」

（二二・九％）と答えた人は、四人に一人にとどまる。そして「縄跳びをした」（八・〇％）、「独りでボール遊びをした」（二二・四％）、「鬼ごっこをした」（一五・六％）が続く。屋外での遊びは、ほとんどしていないことがわかった。

さらに、子どもたちが学校の休み時間と放課後をどこで過ごしていたのかを尋ねた。休み時間は、「教室」（五九・五％）で過ごす人が多く、それに「体育館」（二五・六％）が続く。

放課後は、悲しいことに「遊ばなかった」（四四・六％）がトップにきて、後は「教室」（三一・六％）で過ごしている人が多いことがわかった。

震災後の子どもたちの放課後の生活は、当然ながら家のなかでの活動にとどまっている。ほとんどの子どもが外に出かけてはいない。

学校でも、「教室」という狭い空間に閉じこめられている子どもの姿が浮かぶ。

続いて、彼らの心と身体の不調の変化を調べた。

キャンプに参加する「前」と「後」とでは子どもたちの心と体はどう変化したのだろうか。

一五項目の質問を用意して、その変化を調べた。そのうち、変化の数値が著しい次の一三項目に注目していただきたい（図表14参照）。

①いろいろなことにやる気がある（よくあった）五〇・二％（後）＞三一・八％（前）
②やろうと思っても、なかなか手につかない（まったくなかった）三六・九％（後）＞一七・七％（前）
③からだから、力がわかない（まったくなかった）六八・六％（後）＞五九・五％（前）

これらの項目は、「無気力」を測定したものである。キャンプ後には無気力の数値が小さくなり、意欲を取り戻している。

④わけもなく悲しくて何もしたくない（まったくなかった）七六・六％（後）＞七〇・三％（前）
⑤味や痛さを感じない（まったくなかった）八七・二％（後）＞八〇・三％（前）

これらの項目は「うつ反応」を測定したものである。
キャンプ後には「うつ」的な気分は低下し、元気になっている。

⑥むしゃくしゃしてすぐかっとする（まったくなかった）六一・七％（後）＞四四・一％（前）

図表14　心や体の状態等の変容について各回答の比率（%）

カテゴリ	調査項目	事前事後	よくあった	ときどきあった	あまりなかった	まったくなかった
無気力	いろいろなことにやる気がある（a）	キャンプ前	31.8	48.1	16.7	3.3
		キャンプ後	50.2	39.6	7.9	2.2
	やろうと思っても、なかなか手につかない（b）	キャンプ前	20.4	35.8	26.1	17.7
		キャンプ後	7.5	21.5	34.1	36.9
	からだから、力がわかない（b）	キャンプ前	3.8	15.0	21.7	59.5
		キャンプ後	2.6	8.0	20.8	68.6
愛他性	人に対してありがたいという気持ちになる（a）	キャンプ前	39.6	41.8	14.1	4.5
		キャンプ後	42.1	43.1	11.1	3.7
	困っている人の世話をする（a）	キャンプ前	15.6	36.2	32.2	16.0
		キャンプ後	17.5	36.7	31.5	14.4
	みんなと仲良くしたいと思う（a）	キャンプ前	76.3	16.2	5.1	2.4
		キャンプ後	74.2	19.2	3.7	2.9
うつ反応	わけもなく悲しくて何もしたくない（b）	キャンプ前	2.5	7.2	20.0	70.3
		キャンプ後	1.1	5.3	17.1	76.6
	味や痛さを感じない（b）	キャンプ前	3.7	5.0	11.0	80.3
		キャンプ後	2.6	2.8	7.4	87.2
	誰とも話したくない（b）	キャンプ前	2.3	7.4	13.5	76.8
		キャンプ後	2.1	5.4	13.3	79.2
精神的混乱	むしゃくしゃしてすぐかっとする（b）	キャンプ前	7.7	19.4	28.9	44.1
		キャンプ後	3.8	9.6	24.9	61.7
	好きなことに熱中する（a）	キャンプ前	61.7	23.1	9.8	5.4
		キャンプ後	55.3	27.0	10.8	6.9
	頭痛や腹痛など体の具合が悪い（b）	キャンプ前	5.5	15.5	23.9	55.0
		キャンプ後	4.4	12.0	17.3	66.3
不安反応	心配でイライラして落ち着かない（b）	キャンプ前	5.9	13.4	24.3	56.3
		キャンプ後	3.9	7.4	20.3	68.4
	眠れなかったり、途中で目が覚める（b）	キャンプ前	20.7	24.0	22.2	33.1
		キャンプ後	25.9	29.2	19.9	25.1
	小さな音にビックリする（b）	キャンプ前	8.1	10.7	19.5	61.7
		キャンプ後	5.9	7.7	16.0	70.4

「自分を知ろうチェックリスト」：服部祥子・山田冨美雄編（1999）『阪神・淡路大震災と子どもの心身』名古屋大学出版会
「小学生用ストレス反応尺度」：堀洋道監修（2007）『心理測定尺度集Ⅳ』サイエンス社

⑦頭痛や腹痛など体の具合が悪い(まったくなかった)六六・三%(後)>五五・〇%(前)

これらの項目は「精神的混乱」を測定したものである。

すぐにかっとしたり、精神的な影響で頭痛や腹痛が生じにくくなっている。

⑧心配でイライラして落ち着かない(まったくなかった)六八・四%(後)>五六・三%(前)

⑨小さな音にビックリする(まったくなかった)七〇・四%(後)>六一・七%(前)

これらの項目は「不安反応」を測定したものである。

イライラが少なくなり、小さな音にビックリしなくなっている。

気になるのは⑩「好きなことに熱中する」という項目である。

キャンプ後に、この数値が低下している。これは何を意味するか、将来が不安で夢が描けないからであろうか。しかし、これだけのデータではこれ以上の解釈ができない。今後、検討に値する課題である。

⑪人に対してありがたいという気持ちになる
⑫困っている人の世話をする
⑬みんなと仲良くしたいと思う

この三項目は、「愛他性」を測定する項目である。

データを見ても、事前と事後の数値にあまり変化はない。しかし、カテゴリー別の統計的な検討では有意差が認められ、キャンプの効果が読み取れた。

震災に遭った子どもがしたいこと

キャンプ体験で、どれだけの効果があったのか、全体的な視点で見てみる。

先ほど質問した一五項目を、「無気力」「うつ反応」「精神的混乱」「不安反応」「愛他性」の五つのカテゴリーに分類して、キャンプ前後の数値の変化を調べた（図表15参照）。

グラフからわかるように、数値は右肩上がりになっている。五つのカテゴリーともに、「キャンプ前」より「キャンプ後」のほうが得点が増えているのは明確だ。統計的に見ても、有意の差が認められる。

よって、リフレッシュ・キャンプには効果があったと証明された。

図表15　中学生の改善状況（カテゴリ得点）

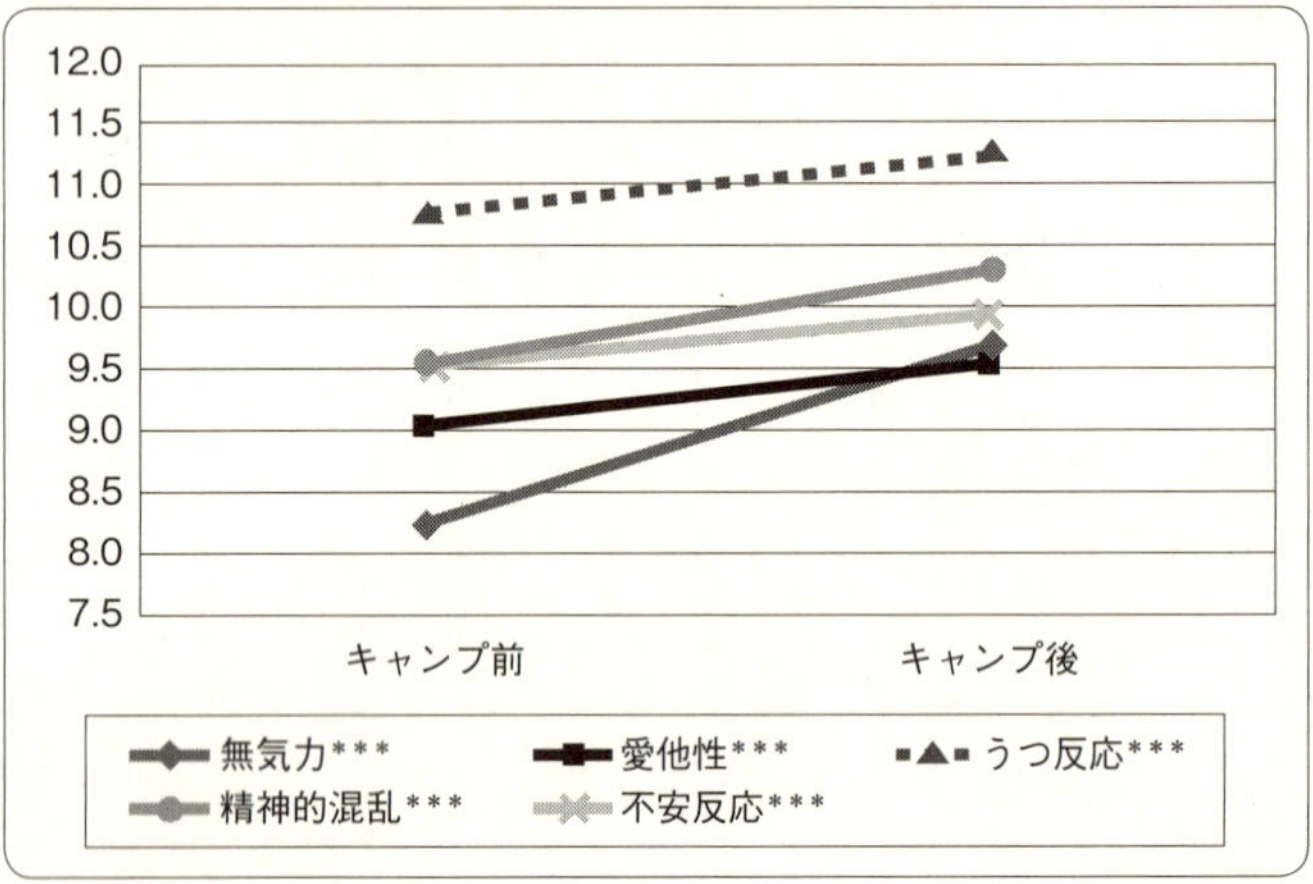

キャンプに参加した子どもたちの不安を取り除いて、無気力状態からやる気を引き出している。「うつ」的な状態から脱却させただけにとどまらず、精神的にも安定させ、他者を思いやる気持ちも助長している。

データだけではなく、子どもたち自身は、キャンプをどう評価しているか。

参加した七三・五％と、およそ四人に三人の子どもが「リフレッシュ・キャンプは楽しかった」（とてもそう）と答えている。「まあそうであった」を加えると、九六％に達する。

この種の調査ではかなり高い評価をもらっている。

さらには、九二％の子どもが、次回も参加したいと答えている。

また、今回のキャンプ期間は三泊四日であったが、半数を超える子どもが「もっと長い」期間を求めている。リフレッシュ・キャンプは子どもたちから見れば、「元気になる」キャンプだったといえる。教室と家のなかに閉じこめられた生活を余儀なくされた子どもにとって、自然のなかで友だちと自由にのびのびと活動できたことは、貴重な体験となったようだ。

通学合宿で子どもの何が変わるのか

元気のなくなっている現代の子どもには、通学合宿が有効だという話がある。通学合宿とは、どんな合宿を指すのだろう。

通学合宿は、「食べっぷり」「遊びっぷり」「付き合いっぷり」のよい子どもの育成を目指して実施されている。生きる力を持った子どもの育成を行っているのだ。

それでは通学合宿とは、いったいどんな活動なのだろうか。

今の子どもに、「夕食の準備は何時からしますか」と尋ねても子どもたちの反応はない。司会の子どもが、「何か意見はありませんか」と繰り返すが、教室の沈黙はいつまで経っても延々と続く。これは、通学合宿での夜のミーティング光景である。

通学合宿とは、子どもたちが公民館などの施設で、一週間ほど集団で宿泊合宿を行う活動である。もちろんその間に、学校にも通い続ける。

期間中は、衣食住に関するすべてのことを自分たちで行う。食材の買い出しから調理、部屋の掃除、洗濯、風呂沸かしまでをする。これが初めての自炊になる子どもも多い。

参加人数は二〇人から三〇人程度で、六人の生活グループを三〜四つ作る。各グループは、朝食と夕食の献立を考えて買い出しと調理をする「食事班」と、掃除や風呂沸かしをする「生活班」、あるいは自由な時間を過ごせる「自由班」に分かれて、持ち回りにする。ただし、すべてを子どもたちに任すわけではない。大学生や地域の人たちも一緒に参加し、子どもたちをサポートする。しかし「口は出さないように」を原則としている。

この活動の原型は、福岡県の旧庄内町（現・飯塚市）で始まった生活体験学校に求められる。

一九八三年に町の土地にセンターを建て、順番に子どもたちが、そこに一週間泊まって学校に通えるようにしたものだ。

子どもたちは、お米一升五合とおかず代の三〇〇〇円を持っていく。衣食住の世話は自分たちで行う。仕事はそれだけにとどまらない。生活体験学校で飼われている鶏やポニー、およびイヌの世話をする。さらに、畑に植えられた大根や人参、ホウレン草などの野菜の世話もする。子どもたちに、丸ごとの生活体験をさせる場所である。

二〇〇六年の時点で、このような通学合宿を行っている事業は八〇八に増えた。

内訳は、市町村が六四四事業、国の施設が八六事業、そして民間が七八事業である。市町村の実施率は二一％と二割強である（社会教育実践研究センター調査、二〇〇七年）。

合宿の期間は「四～五日」がいちばん多くて六〇・五％、次が「六～七日」で二四・三％、いちばん少ないのは「二～三日」で一二・八％だった。

沈黙し続けた子どもが口を開く

次に、子どもたちが通学合宿を経て変化した項目を挙げていく。

①友だちと協力して活動できる。（八四・一％）
②家の手伝いをする。（六七・九％）
③進んであいさつする。（六五・三％）
④友だちを理解し、思いやりの行動ができる。（六四・二％）
⑤身の回りの整理整頓ができる。（六二・六％）
⑥朝ご飯をきちんと食べる。（五九・二％）
⑦早寝早起きができる。（四二・三％）
⑧食事マナーが身に付く。（三二・八％）

⑨宿題をする。（二八・七％）

通学合宿で身に付くのは、友だち付き合いや挨拶に見られるような人間関係能力であることがわかる。ところが、早寝早起きや食事マナーなどの生活習慣は、思いのほか身に付いていない。確かに、食事マナーなどの生活習慣は、一朝一夕に身に付くものではない。家庭でのしつけに負うところが大きい。

次に、通学合宿に参加している子どもの様子を観察していく。

今の子どもたちは、自分たちで計画を立てて仕事の役割分担を決めるだけでも、大変な時間を要するようだ。食事の献立を決めるだけで、睡眠時間を超す子どももいる。

それが合宿の後半になると、生活に慣れたせいか一人一人が意見をいえるようになる。スケジュールと分担を自分たちだけで決められるようになる。頼もしい限りである。

合宿は、子どもに意見を持たせ、さらに、生活は一人だけではできないという大事な概念を教える。集団での宿泊活動を通して、「一人がみんなのために、みんなが一人のために」行動することを、子どもたちは肌で感じる。集団生活で、分担の大切さを学ぶ。

今の子どもたちは、利便社会の落とし穴に落ちている。自分から動かなくてもよい生活に慣れきっている。生活のレールが敷かれ、自分は走るだけになっている。通学合宿は、そこから自分で這い上がる力を身に付ける大事な機会を提供する。

また、今の子どもはトラブル解決方法を身に付けていないことが問題視されている。日本社会には、トラブルを修復する独自のシステムがあった。日本は、欧米やイスラム文化圏とは異なり、仲直りする文化があったのである。たとえば、「喧嘩両成敗《けんかりょうせいばい》」「三方一両損《さんぽういちりょうぞん》」の言葉は、その名残である。

日本は多神教のせいか、ゆるやかな修復を常に選択してきた。折り合いをつけては、落しどころを探した。お互いが納得する決め方を持っていたのである。子どもたちは集団での通学合宿を通して、この「仲直り文化」を学ぶ。

子どもは、通学合宿で、必ずなにかしらのトラブルを体験する。それは口げんかかもしれない。しかしケンカを続けていると、みんなで夕飯を食べることができなくなる。ある場面で折り合いをつけなければならない。第三者の大人が現れて仲裁をするか、友だちが仲裁に入るのか。こういう場合、ミーティングでお互いに意見をいい合う場が持たれたりもする。

通学合宿はまさに、生活のトラブルと遊びのトラブルを通して「仲直り文化」を学べる場である。トラブルは、生活をしていればいつでもどこでも生まれるものである。そして、そのトラブルを解決しないと遊べないばかりか、食事も、風呂に入ることもできなくなる。集団での通学合宿は、トラブルに直面したときにそれを解決する力を育てるのだ。

通学合宿は、集団のなかで人間関係能力を育てるのに大変有効である。この人間関係能力を「生活体験」のなかで育てようとすることがユニークで、子どもにも好評だ。

「トライやる・ウィーク」の効果

兵庫県に、面白い活動があるので紹介しよう。「トライやる・ウィーク」である。「トライやる・ウィーク」とは、中学二年生が地域で行う一週間の職場体験と農林水産体験活動である。一九九八年から、兵庫県で始まった。

参加者は、すべての公立中学校三四七校と県立中等教育学校一校、および市立特別支援学校一七校の計三六五校である。参加生徒数は、約五万人弱。活動場所数は、約一万七〇〇〇ヵ所にものぼる。

なぜこのような活動を始めたのだろうか。

それは二つの災害・事件に起因している。皆さんの頭にも強烈なインパクトを残しているだろう。一つは、一九九五年に起きた、阪神・淡路大震災である。それを契機《けいき》に、生命や人権を尊重する心、ボランティア精神の育成の気運が高まった。

もう一つは、一九九七年に神戸市須磨区で起こり、日本中を震撼《しんかん》させた「神戸連続児童殺傷事件」である。これにより、生き方を改める「心の教育」の充実が叫ばれた。

「トライやる・ウィーク」の「トライ」には二つの意味が込められている。

一つは「TRY」の試みるという意味。とにかくやってみようという精神である。

そしてもう一つは、子育ては「家庭」「学校」「地域」三点のトライアングルで行うという意思表示である。理にかなったセンスのいいネーミングである。

「ウィーク」は活動の期間を指している。「トライやる・ウィーク」の活動は、月曜日から金曜日までの一週間程度行われる。

兵庫県は、一九八八年に五泊六日の自然体験学校の制度を導入し、一九九一年に全県の小学五年生を対象に活動を開始した。

自然体験学校で得た知見《ちけん》は、「中途半端ではダメである。まとまった日数が必要」という。月曜日に自然のなかに入ると、不慣れなために擦り傷を作ったり、体を壊す人が増える。火曜日もまだ自然の生活に適応できない。水曜日あたりからやっと友だちとの集団宿泊の生活に慣れ始め、木・金曜日には怪我の数も減って、自然での生活がフル回転する。

最低でも五日間は必要なのだ。

中学生の職場体験活動も、五日間の日数を確保している。

実際に、中学生が行う活動分野はどんなものが多いか、覗いてみよう（二〇〇六年）。

①職場体験活動……八一・〇％
②ボランティア・福祉体験活動……六・七％
③文化・芸術創作体験活動……六・一％
④農林水産体験活動……三・一％
⑤その他……三・一％

活動の大半は、職場体験活動であった。

活動場所は地域の人の助けを借りて行う。生徒は、第三志望まで活動を選べる。ただし、不登校の生徒たちには、第一志望を優先させる。これが後に述べる効果に結び付く。

活動は様々だが、面白そうなものを挙げると、「灘《なだ》の酒造り」「播磨《はりま》の素麺《そうめん》づくり」「明石タコ漁」「但馬《たじま》牛の飼育」「コウノトリの飼育と生態観察」「丹波《たんば》の大型恐竜化石の発掘調査」などがある。聞いただけで参加したくなるイベントが目白押しだ。

不登校生徒が学校に行く理由

兵庫県が、「トライやる・ウィーク」を開始した一〇年目に調査したデータで、全国的に注目されたのは、職場体験が不登校の生徒たちにもよい影響をもたらしたことである。彼らには教師が家庭訪問をし、行きたい職場の希望を尊重した。すると、全日程に参加する生徒は毎年四割を超え、その内の三～四割の登校率が上昇したのだ。

この数値は驚異的である。一年間に風邪などの病気を除いて三〇日以上欠席する人を不登校の生徒と見る。原因は様々であるが、対人関係が不得手《ふえて》で引っ込み思案な人が多い。そんな彼らが、職場体験後は意欲を持って学校に登校したのである。

「トライやる・ウィーク」は、不登校の子どもたちをはじめとして、参加した子どもたちのほとんどに好印象を与えた。「どんな一週間でしたか」というストレートな質問に「大変充実していた」と答えた人が五八・〇%、「充実していた」と答えた人が三三・一%で、両者を合わせると九割を超える人が、好意的な評価をしたことになる（二〇〇六年）。

子どもたちのなかには「学校で学べないことを学べた」と答える人が、中学二年生で八九・八%と九割に近い。高校三年生でも七八・六%に達している。だからだろうか、この活動を後輩に勧める人が多い。中学二年生で六四・二%、高校三年生で五三・四%の人が後輩に参加を促している（二〇〇七年）。

好評価をしている中学生が、具体的に遂げた変容は、次の通りである。

①進路を考えるようになった……六七・五％
②職業を考えるようになった……六七・七％
③参加した同級生への見方が変わった……六五・三％
④学校へ行くのが楽しみになった……五七・七％
⑤家族への見方が変わった……五二・三％
⑥自分自身への見方が変わった……四九・二％

生徒たちは、様々な変容を遂げている。職業観や進路への考え方が定まり、同級生や家族に対する見方まで変わってくる。そして、自分自身を見直し、再発見をしている。

子ども以上に、親にとっても願ったり叶ったりの効果である。

ちなみに、保護者の評価は九五・七％、地域の人は九六・九％、そして受け入れ先の人は九七・四％と、生徒本人を取り巻く人々もこの活動を高く評価している。

ここで培った体験は、後からジワジワ効いてくる。一週間の職場体験は、その後どういう効果をもたらしているのだろうか。一〇年前の一期生の声を紹介する。

「お姉ちゃん、おはよう」と、子どもたちの元気いっぱいのあいさつで、一日が気持ちよくスタートした貴重な五日間でした。私は幼い頃から、「先生」という職業に憧れていたので、「トライやる・ウィーク」は保育園に参加しました。大好きな子どもたちと一緒に活動できることはとても楽しみでしたが、「どのように子どもと接したらいいか……」という不安もありました。けれど、私の不安など、消し飛んでしまいました。それは、先生方や子どもたちにとても温かく迎えてもらったからです。そして、気がつけば、私の両手では足りず指一本一本に子どもたちが集まっていました。だから、「ここでがんばれる」と、私の居場所を実感したことを覚えています。

今年から、私は小学校教諭《きょうゆ》として働いています。そして、一筋に持ち続けた大きな夢を実現させた喜びをかみしめています。けれど、私は何度も挫折《ざせつ》に遭い、辛い思いもしてきました。それでも、夢を追い続けられた原動力は「トライやる・ウィーク」で得た「自信」と「教職の魅力」のおかげです。

たかが一週間、されど一週間である。中学二年生で体験した保育園での職場体験が、彼女の夢実現を支えている。

兵庫県で始まった一週間の職場体験は、今では全国ほとんどの県で行われている。それは国の補助金が出ているからである。文部科学省は、職場体験で不登校の生徒の三分の一が登校するようになった成果をもとに、全国展開を始めた。

しかし、一週間という期間をとっている県と学校は、まだまだ少ない。いちばん多いのが三日間である。これでは成果は薄い。職場に適応した頃には、学校に戻ることになる。「体験は中途半端ではダメ。やるなら一週間程度の日数を確保する」という、兵庫県の経験則を生かしてほしい。

親離れの効果は絶大

山村留学は、一九七六年に長野県の八坂《やさか》村（現・大町市）で「財団法人育てる会」が開始した教育活動である。子どもたちが一年間という長期間、親元を離れて地元の学校に通いながら、自然体験と農山漁村の暮らしを体験する活動だ。

参加者は、小学四年生から中学生までである。一ヵ月間のうちの前半は「財団法人育てる会」が持っているセンターで共同生活をし、後半は地元の農家に民泊する。

山村留学は、全国で一五一市町村が行っている。北は北海道から南は鹿児島・沖縄まで全国で展開されている。開設校は、二〇〇一年時点で二五四校に達する。

それに、一年間で約一〇〇〇名近い小中学生が参加している。これまでに、修園者数は六

○○○人近くにのぼる。そのなかでも、山村留学の元祖というべき「財団法人育てる会」の修園者数は一四一〇人で、全体の四分の一を占めている。

わたしの手元に、「財団法人育てる会」が発行した『山村留学総合効果の検証』(二〇〇二年)と「財団法人育てる会」理事長の青木《あおき》孝安《たかやす》氏が編集した『山村留学の原点をみる』(二〇一二年)がある。

それを参考にして教育効果について指摘する。修園者のサンプル数は、一八五名である。

そもそも子どもたちは、何をきっかけに親から離れて山村留学を始めたのだろうか。回答は、次の通りである。

①自然が好きで、楽しそうだったから……四八・六%
②自分は望まなかったが、父や母にすすめられた……二五・一%
③親と離れて暮らしてみたかった……二一・二%

自発的姿勢で参加している子どもがダントツである。次が親のすすめで、四人に一人いる。興味深いのは、親から離れた暮らしを楽しむ子どもの存在が二割を超えたことだ。

山村留学の存在そのものは、六割の人が親から教えてもらっている。短期留学という夏休みや冬休みのキャンプで知った人は、三割にとどまった。親にすすめられてはいるが、大半の子どもは、自然が好きで留学している。

それでは、親は金銭のかかる山村留学をなぜすすめたのだろうか。親の動機を紹介する。

「自然のなかには、おもちゃよりもずっと面白いものがあることと、自然はあなどってはならない厳しいものであることを教えたかった」

「自然に親しみ、他人との生活のなかで我慢したり、ゆずり合ったりしながら思いやりのある子になってほしいと思って出した」

「家庭以外の社会との接触の機会を増やし、社会性、自立性、自主性を身に付けさせたい」

「中学校に入って、目的を持った日常生活が見られなくなったので、本人と話し合い山村留学させることにした」

理由は様々であるが、親の子を思う気持ちはどれも共通している。

山村留学で覚えることは何か

山村留学の影響を振り返ってもらうと、「とてもプラスになった」「プラスになった」とプラスの回答をする人が、実に九割もいる。
彼らは一〜二年間で、どんなことを身に付けたのだろうか。

①人との付き合い方を身に付けた（五九・三％）
②自然との触れ合いが楽しめるようになった（五八・八％）
③人との触れ合いの大切さがわかった（五六・六％）
④プラス思考になった（五一・一％）
⑤友だちを得ることができた（四七・八％）

これは参加した子どもの意見であるが、親たちはどう見ているか。親の声も拾ってみる。

「家族との会話が増え、ユーモアもいえるようになった」
「他人の気持ちを自分に置きかえて、相手を思いやる面が見られるようになった」
「食事マナーがよくなった」
「自分の部屋の整理整頓《せいとん》が良くなった」
「多くの経験を通して、自信を持ち、落ち着きも出てきた」

「テレビを見なくなった。拭《ふ》き掃除、草むしりなどをいやがらずにやるようになった」
「友だちへの思いやりが深くなった」

こう見ると、子どもと親とで感じる効果の内容は異なる。子どもは、友だちや自然との触れ合いを通して人間関係能力が身に付いたという。親たちは、子どもが自信を付け、家族への思いやりが育ち、基本的な生活習慣が身に付いたと感じている。
実際に、一年間留学した卒業生の声も紹介する。

八坂《やさか》での一年半、嫌いな思い出ってないのです。楽しくなかったことや「つらかったなあ」と思うこと、慣れるまでの大変さはあったと思いますけど、それは嫌いな思い出じゃなく「いい経験というか勉強」だったんです。
いちばんよく思い出すのは、四季を通じて林から見た鷹狩《たかがり》山と切久保《きりくぼ》の風景です。あそこまで帰ってくると「もうすぐ家だ！」という気がして、今でもあの風景を思い出すと気が紛《まぎ》れてホッとするんです。他にも農家からの村の日暮れとか、切久保の明かりが見える峠とか、なんか風景の印象が強いみたいです。（中略）
八坂での生活が私に与えてくれたのは、まず「やる気」だと思います。

それから忍耐力というか我慢することを覚えました。

また、八坂小学校で学校のイメージが変わりました。先生の存在が身近で「わかってくれている」という感じが強くありました。

しかし、何よりも大きいのは、やはり自然に接したことだと思います。大きく広く深い自然のなかにどっぷりつかっていろいろ考えた、考えるチャンスを与えてくれた時期であったのだと思います。

わたしは今、無名塾という所で女優への道を歩み出したわけですが、話しているうちにこの「塾」と八坂がとても似ているような気がしてきました。朝から晩までずっと一緒にいて、同じ釜の飯を食う、同じ志を持つ人間が集まって、みんなでいろいろな事を体験する。八坂での一年は、後になって開くものがいっぱい詰めこまれた一年だと思います。


彼女は、山村留学の経験で人間関係能力を身に付け、自然との触れ合いを楽しんで、親身になってくれる友だちや教師を得ている。ちょっとのことでは落ち込まないプラス思考の人間になっている。親元を離れた一年間の集団宿泊は、子どもたちを着実に成長させている。

なにが、そのような成長をもたらしたのだろうか。

留学生は、実に様々な体験をしている。センターでは放課後野外活動や農作業をし、太鼓などの伝統的な文化活動にも触れ、テレビのない規則正しい生活を送っている。当然ながら、食事の配膳から後片付け、掃除、洗濯、風呂当番などは子どもたちが自ら行っている。

一年間の集団宿泊では、トラブルも起きるだろう。時にはホームシックにもなる。集団になじめない子どももいる。そのときは、センターの指導員が親や兄、姉の役割を演じ、相談に乗って解決している。指導員は、学校の授業参観に保護者の代理として参加もする。

「財団法人育てる会」の山村留学の良さの一つは、後半で過ごす農家での民泊である。家族の一員として扱われて農作業を手伝い、家での伝統的な年中行事はもとより、地域の行事にも参加する。食事はおいしく、ゆったりとくつろぐことができる。本当の家族のように接するまでになる。留学した先を「第二のふるさと」と呼ぶ人も多いのだ。

第六章　成功の秘密「ナナメの関係」

「ナナメの関係」を復活すると

ここで読者のみなさんに聞きたい。「いとこ」は何人いますかと。人数は、年齢によって異なるため、父方、母方の子どもの数を合計してほしい。

統計では、団塊の世代では約三〇名前後、団塊ジュニア世代では一〇名前後、団塊の孫の世代では一名か二名と出ている。みなさんも当てはまっただろうか。

「いとこ」の数が急に減ってきている。「いとこ会」が死語になると同時に親戚が消え、身内が少なくなっているのだ。

「いとこ」が多いと二つの利点をもたらす。

一つは、子どもの最初のよきライバルとなること。お盆やお正月で親戚が集まると、親同士が子どもの自慢話を始める。

「〇〇高校に受かった」「□□大学に合格した」「△△会社に内定した」という声が飛び交う。それを聞いたいとこ同士は競争心をあおられる。ここからライバルが生まれる。

二つ目は、「いとこ」はいざという時のセーフティネットの働きをすることである。

二〇一一年の東日本大震災のような災害に遭うと、まず「いとこ」のところへと避難する。行政の対応が遅いときは、ひとまず親戚の家に居候するのが常である。いざというときに頼りになるのが「いとこ」の存在である。

今や、それらの機能が失われている。ライバルとセーフティネットが消えつつある。これは子どもたちの人間関係に視点を移すと、「ナナメの関係」が薄れているといえる。

子どもが成長するとき、人間関係のなかには、次の三つの関わりがある。

①タテの関係
②ヨコの関係
③ナナメの関係

「タテの関係」はいうまでもなく、親子関係と教師と児童・生徒の関係、そして先輩と後輩の関係である。力を持った人とそうでない人の関係にある。

「ヨコの関係」は、学級内の人間関係である。同年齢で同じパワーを持ったフラットな関係だ。

そして今回注目している「ナナメの関係」は、放課後に集う異年齢の集団やいとこ同士の関係、あるいは地域のおじさん、おばさんとの関係を指す。年齢が異なり、知力や体力も違う集団で、もまれて育つ。

今の子どもは、残念ながら「タテの関係」と「ヨコの関係」に関係が限定されている。「ナナメの関係」が少なくなっているのである。

親子関係や教師・児童生徒の関係は、ときとして「ぬるま湯」になりがちである。親や教師はともに子どもを中心に考えて行動する。あまり理不尽なことをいわない。ここでは、子どもの要求が通りやすい。

「交渉する」「駆け引きをする」「作戦を練る」「妥協する」という体験が少ないのだ。この関係だけで生活すると、内向きで弱い子どもを育ててしまう。

一方で、同級生の「ヨコの関係」は、親子関係や教師と児童・生徒関係よりは、もまれる体験をともにできるだろう。しかし、メンバーは同一集団である。異年齢の人たちがいない。年上を敬い、年下の面倒を見る体験に乏しくなるし、考え方も同一で偏りやすくなる。やはり、内向きで自己完結型の人間関係が生まれやすい。

それでは、「いとこ」同士、放課後における異年齢の遊び集団、あるいは、地域の「おじさん」「おばさん」たちの間で成立する、「ナナメの関係」はどうか。

「ナナメの関係」では理不尽なことが生じやすい。自分の思い通りにいかないことがほとんどである。だから、相手の動きを見て、自分の行動を取る作法を身に付ける。

と同時に交渉力も身に付ける。たとえば、地域では「良いおじさん」と「悪いおじさん」

を見分けられるようになる。ちょっとしたイタズラを楽しんでくれる家と、ユーモアを解《かい》しない家の区別もできる。

「ナナメの関係」によって世間に対する視野が広くなり、自己完結していない開かれた集団で、自分の要求を通すにはどうすればよいかを常に考えるようになる。そこで、交渉力が身に付く。

今日の子どもたちが、ひとかどの人間になりにくくなっているのは、この「ナナメの関係」が衰退したことが一因である。とはいえ、今から「いとこ」を増やすことは無理な話である。それに替わる代替措置を用意しなければならない。たとえば、「疑似親戚」や「疑似いとこ」、あるいは同窓会のような集まりなどを創設することが求められているのである。

自主放任型カリキュラムの罠

みなさんは、自治医科大学を知っているだろうか。無医村を解消するために設置された医科大学である。卒業後は、各自が出身の都道府県に帰って、九年間勤務することを義務づけられている。各都道府県で、二名から四名の学生を受け入れている。

まずは、この大学の実績を列挙していく。

・医師国家試験一〇〇%合格（二〇〇三〜二〇〇五）、過去二七年間平均で全国一位。
・東日本医科学生総合体育大会四位（二〇〇二年）、過去に優勝四回。
・辺地医療勤務履行率《りこう》九七%（二〇〇七年）。
・インパクトファクターは東大・京大を抜き全国一位（二〇〇二年）。
（インパクトファクターとは科学論文の質の高さを示す被引用度を意味する）
・二一世紀COEプログラムを採択。（先端をいく科学研究として認められる）
・特色ある大学教育支援プログラムを採択。

設立四〇年以上となる自治医科大学は、一見順風満帆に見えるが、過去に指導方針を変えて衝撃的な結果を招いている。

大学の設置基準が自由化され、大学の教育の在り方が大きく変わったことへの対応の失敗である。変わったのは、「一般教育の単位の取り方の変更」「体育や第二外国語を必須にしなくなったこと」だ。

自治医科大学も、設置基準の大綱化後に、自主放任型のカリキュラムを導入した。

その結果、体育を選択する受講生が減り、体育系サークルの部員数が一〇〇名も減った。

さらに、自主放任型教育のカリキュラムを受けた卒業生の国家試験合格率は、一九九九年に全国で三八位に急落し、体育大会の成績も落としている。まさに悲劇だ。

日本人の遺伝子に有効な指導法

かつての教授であった香川靖雄《かがわやすお》氏は、日本人の持っている遺伝子に注目した。彼は、日米のセロトニン・トランスポーターの遺伝子多型の比較をした。遺伝子は大きく次の三つに分類されている。

①ＬＬ型（超積極）　②ＳＬ型（積極、自主）　③ＳＳ型（消極、従順）

日本人は次のように分けられる。

①ＬＬ型……一・七％　②ＳＬ型……三〇・一％　③ＳＳ型……六八・二％

米国人は次の通りである。

①ＬＬ型……三二・三％　②ＳＬ型……四八・九％　③ＳＳ型……一八・八％

香川氏は、こうした遺伝子の型の実態に合った指導をしたほうが有効であると主張する。自主独立の気風を持つ米国の学生には、教師は静観をし、資源と目標だけを与えて自由に教育したほうがよい。

日本では、そうした指導方法は有効でない。そこで、有効だと思われる①から③の指導方法を見てほしい。

①少人数からなる授業形態を導入する

教師が学生一人一人の良さと弱点を把握して、適切なアドバイスをする。一人一人を認めることでモチベーションを高める。

②全寮制の自治医科大学には、先輩後輩の「タテの関係」を作る。

毎年、同じ県の出身者は少なくとも二名入る。学生には、同郷のよしみで、授業でわからないことをはじめ、生活や人間関係、恋愛の話など多岐にわたって相談に乗るように促して、共同生活において絆づくりを強化している。

③体育と語学の必修化を進める。

これによって、学生の体力が向上し、結果として医学系での体育大会の成績も向上した。こうして、温和で横並びの日本の学生の特質を考えて、丁寧なきめ細かい指導を復活させたことで、かつての成果を取り戻している。

学習は小グループの演習が基本となるが、その後の個別指導に重点を置いている。日本の学生は一人一人を大切にして、厳しく親切に教育したほうがよいという。日本の学生は、質問をしないので、理解度は毎回ミニテストで調べるとよいともいわれている。

稲作モンゴロイドの遺伝的特徴に基づいて、個別的で実体験の感動が味わえる、丁寧で規律正しい指導方法がよいということもわかっている。

日本は「お手本」文化だという。まずお手本を示し、懇切丁寧に教えると効果がある。それは教科指導だけでなく生活指導においても通用する。人間関係でも「ヨコ」「タテ」だけでなく、「ナナメ」の関係を導入すると効果的だ。

日本独自のトラブル解消法

集団のなかで生活するのに、トラブルは付きものである。トラブルのない集団生活はあり得ない。そこから自《おの》ずと争いを処理する知恵が生まれる。

日本は、固有のトラブル解消システムを持っている。子どもがケンカのルールとマナーを身に付けるうえで、参考になるので二つ紹介する。

①村八分は本当に悪いのか

「村八分《むらはちぶ》」という言葉がある。日本の共同体の閉鎖性を表す言葉として使われてきた。大学生にその意味を尋ねると、多くの人がキョトンとした反応を示し、わからないと回答する。もはや死語に近い。

村人は、村の掟やルールを乱す人を除《の》け者にする。近所付き合いをしない。お祝い事やお祭りなどにも呼ばないし、参加させない。徹底的にいじめ、差別もする。しかし、殺しと追い出すことはしない。ただ黙って無視するのである。

現在の「いじめ」に近い扱いをする。しかし、「いじめ」とは違う。逃げ道を用意しているのである。

「八分」はいじめるが「二分」だけ支援し助けるのである。ここが決定的に違う。逃げ道のツールを用意している。だから、「村八分」にあっても自殺する人はいない。

「二分」とは、「火事」と「葬式」をさす。火事は消さないと我が身に炎が降りかかる。自分の家も燃えてしまうので、助け合う。実に合理的だ。

葬式は、生まれは違っても人間死ぬときは皆同じであり、哀しいという想いを共有する。野辺《のべ》送りは皆で助け合って行う。

学級は、ある意味では運命共同体である。ゆえに、この日本の村社会に近い。学級にほしいのは、「逃げ道」である。セーフティネットを持った集団づくりが望まれる。

②二分法でない、三分法の知恵

欧米とイスラム社会は二分法が主流を占めている。白黒をはっきりさせる二者択一の文化である。

そこでの宗教は、一神教であり、自分が信じる宗教が絶対善で、他の宗教は悪であるため邪宗となる。ここから排除の論理が生まれる。

たとえば、サッカーやバスケットボールの陣地を決めるときコイントスをする。コインの裏と表で、ボールを採るか陣地を採るか決める。

それに対して日本は、三分法を採用する。白黒をはっきりさせないというよりは、白と黒に決められないことがあるという世界観を持つ。

日本の宗教は、八百万《やおよろず》の神といわれるように多神教である。お正月に神社にお参りするだけではなく、お寺にも出かける。

また、お祝いは神社でお葬式はお寺と分ける人もいる。そしてクリスチャンでもないのにクリスマスパーティをする。子どもたちが空き地で野球をするときは、コイントスではなく「グー」「チョキ」「パー」のジャンケンで先攻後攻を決める。

「喧嘩両成敗」という言葉が素直に受け入れられているのも日本固有の特質だ。一方だけが悪いのではなく、痛みは両方で分け合う。

「清濁併《せいだくあわ》せのむ」という言葉も自然に受け入れられている。その意味は、清い水を尊《とうと》び、しかし本音としては濁った水も必要だと思っていることをさす。

大工さん、左官さん、奉行さんがともに一両損をする、大岡越前《おおおかえちぜん》の「三方一両損」の考え方も素直に受け入れられてきた。

こうした文化を定着させるのが、ケンカのルールとマナー習得の近道である。学校のなかからいじめを少なくする土壌づくりにもなると思うのだ。

先進国が抱える共通課題とは

子どもの放課後は、今や日本だけの問題ではない。先進国が抱える問題に発展している。TBSの記者である川上敬二郎《かわかみけいじろう》氏は、著書『子どもたちの放課後を救え！』（文藝春秋）のなかで、これまでは「放課後」という言葉で検索をするといかがわしいタイトルしか出ず、子どもの放課後は世間の関心にのぼってこなかったと指摘する。そこで二〇〇三年に、アメリカに渡って、ボストンやシカゴなどの大都市の放課後の調査を始めた。

川上氏によれば、アメリカの放課後は青少年問題として捉えられているという。放課後は、青少年の非行問題の発生源として捉えられている。暴力と麻薬対策が念頭にある。だから、青少年の健全育成を図るために、放課後の活動が考えられる。対象はどちらかといえば、中学生と高校生が中心になる。

ドイツ、フランス、イギリス、韓国で放課後について関心を持たれ始めたのもここ一〇年の間のことである。

子どもの放課後問題は、きわめて新しいテーマである。しかし、冒頭に指摘したようにアメリカを含めた先進国は、放課後の概念は異なるものの、国・都市レベルで放課後の施策に取り組んでいる。

これは、子ども問題は従来の学校観だけでは捉えきれなくなったことを意味する。

各国の放課後事情あれこれ

昔は、「子どもの成長は学校に任せなさい」というのが、韓国のような儒教をベースにした国の学校観であった。それが今や、放課後活動も視野に入れないと子どもの成長を保証しきれなくなっている。

韓国は、「放課後学校」というように、従来の学校の機能を進化させて、学校の延長線上に放課後を位置づけようとしている。

社会が求める人材の育成には、画一的《かくいってき》になりがちな学校教育では対応できない。それと同時に教育費の増大が家計を苦しめ、経済格差が教育格差を生じさせかねない。さらには、地域格差が教育格差を生み、格差社会を作り上げつつある。韓国はこうした問題を解決するものとして、子どもの放課後を考えているのである。

それでは、ドイツ、イギリス、フランスの欧州サイドはどうだろうか。

彼らの国は、本来学校の機能を限定して捉えていた。ドイツは半日学校である。午前中に学校に行き、午後は家庭と教会などの地域に任せた。それが全日学校に大転換をする。学校社会を放課後にまで延長したのである。学校の機能をきわめて限定していたドイツは、二〇〇〇年のピサ（ＰＩＳＡ：学習到達度調査）ショックを受けて、学力を向上させるために学校の機能を延長している。

また、ドイツとフランスには移民が多く、移民に関する社会問題や政治問題が常に叫ばれている。移民は、言語と文化と学力にハンデを持っているため、その補償として放課後の学校を用意するのである。

フランスは、これまで独自の放課後施策をとってきていた。しかし、それだけではフランスの教育格差の是正は不十分となった。従来の社会教育が担ってきた放課後の施策ではなく、学校を単位とした放課後施策が行われている。

フランスも移民が多く、言語と文化と学力のハンデを、学校で補《おぎな》おうとしている。

イギリスは、労働党から保守党と自由民主党の連立に政権が変わり、放課後施策の予算削減が始まっている。しかし、それでも地域格差と経済格差から生まれる教育格差の是正施策は進められている。貧困層の人たちが多い地域に対して、教育的な補償事業を取り入れた。

これまでで明らかになったことは次の二つである。

①従来の学校観だけでは、子どもの成長を保証できなくなった。新しい学校の機能の付与

が始まる。それぞれの国が、独自に学校の範囲を捉え直している。

②経済格差・地域格差が教育格差を生む。放課後の体験活動を、教育格差是正として捉え始めている。活力ある社会を生むために、格差をなくす施策を取り入れている。

これからの学校外の教育は、経済格差が「体験格差」を生み、それが学力格差に結びつく連鎖を断ち切る任務を負っているのである。それは、世界共通の課題となっている。

これまでのデータから、大人社会で成功するには、子どもの頃の学校外体験が効いていることがわかった。シングルエイジまでの体験、とりわけ九歳から一二歳までの「ゴールデン・エイジ」の体験が重要となることも確認済みだ。この体験によって子どもは「変化する社会で生き抜く力」を身に付けるだけでなく、成人して成功を収めるのに必要な三つの条件、「最終学歴」「高収入」「既婚ステータス」を得られるのである。

格差社会を修正するには、学校外での体験を豊かにし、一部ではなく多くの子どもたちに体験を保証しなければならない。さらに、計画が絵に画いた餅にならないように財政的な措置も急がねばならない。これは社会にとって喫緊《きっきん》の課題であると考える。

あとがき――子どもの頃の体験で決まる最終学歴・収入・結婚

「体験」に関心を持ち始めたのは、二〇年前からである。雑巾《ぞうきん》をきちんと絞《しぼ》れず、箸を上手く持てない学生が登場し始めたと同時に、学生たちの胃袋が小さくなってきた。コンパの席でビールとお酒が余るようになっている現実を目《ま》の当たりにしたからだ。

なぜ、こうした学生が生まれてきたかを考えるようになった。そこでたどり着いたのが、子どもの頃の体験が変わったのではなかろうかという問題意識である。

二〇年前の大学生の小学生時代は、ちょうど三〇年前になる。調べてみると当時の子どもたちの放課後はまだ豊かであった。行動半径は広く、友だちとの外遊びは盛んであった。遊びほうけて、夕飯どきに「箸を持ったまま眠る子ども時代」を経験している。

幸いにも、わたしは、国立青少年教育振興機構が二〇一〇年に成人を対象に行った五〇〇〇人規模の全国調査に参加できた。それは、子どもの頃の体験が、成人後にどんな影響を及ぼすかを調べるものであった。

そこで子どもの頃の体験が、成人後の「最終学歴」や「高収入の獲得」、そして「結婚生活」にまで効くという結果を得た。

この結果が大きな反響を呼び、世論が子どもの頃の「体験」に関心を持ち始めた。

その記事がきっかけとなり、講談社の生活文化第三出版部担当部長の間渕《まぶち》隆《たかし》氏、ならびに河村《かわむら》麻菜《まな》氏と知り合えた。そして、間渕氏の的を射たアドバイスのお陰で新書の出版ができるようになったのである。ここでお礼申し上げたい。

二〇一三年三月

明石《あかし》要一《よういち》

明石要一
1948年、大分県に生まれる。千葉大学教授。奈良教育大学卒業後、東京教育大学(現筑波大学)大学院修士課程修了、同博士課程単位取得満期退学。千葉大学教授などを経て、2005年、千葉大学教育学部学部長。また、文部科学省中央教育審議会スポーツ・青少年分科会臨時委員、文部科学省中央教育審議会生涯学習分科会副分科会長なども務める。専門は教育社会学(青少年教育)。青少年文化の研究に精力的に取り組み、また長嶋茂雄氏を研究対象とした「長嶋学」を創設。
著書には、『子ども理解のウオッチング技術』『子どもの漫画読解力をどう見るか』『データで語る平成の子ども気質』『子どもの放課後改革がなぜ必要か』(以上、明治図書)などがある。

講談社+α《プラスアルファ》新書 613-1 A
ガリ勉《べん》じゃなかった人《ひと》はなぜ高学歴《こうがくれき》・高収入《こうしゅうにゅう》で異性《いせい》にモテるのか

2013年3月19日第1刷発行
2014年7月 4 日第2刷発行

発行者——鈴木 哲
発行所——株式会社 講談社
東京都文京区音羽2-12-21 〒112-8001
電話 出版部(03)5395-3532
販売部(03)5395-5817
業務部(03)5395-3615

装画——朝日メディアインターナショナル株式会社
デザイン——鈴木成一デザイン室
本文組版——朝日メディアインターナショナル株式会社
カバー印刷——共同印刷株式会社
印刷——慶昌堂印刷株式会社
製本——牧製本印刷株式会社

ISBN978-4-06-272798-3